JN087847

チャートで組み立てる

レポート作成法

加納寛子 著

丸善出版

は じ め に

　大学1年生，社会人1年生になると，レポートを提出しなければいけない場面に必ず遭遇します．その一方で，ワープロソフトにより図表を入れた見栄えのよい文書が短時間で簡単につくれるようになりました．インターネットの発達により，知りたいキーワードに関する情報は山のように検索されるようになりました．

　けれども，ネットで検索できる情報の多くは，間違っていたり，内容が不十分な情報です．正しいとは限らない情報が氾濫するなかで，必要な情報を選択し，新しい知見を見出していく力は，現代の社会で学び，仕事をするうえで欠かすことができません．

　しかし，高校までの学習では，一人でレポートをまとめるトレーニングを受けていません．大学の講義で「＊＊について」などと漠然としたテーマでレポートを提出させると，ネットで検索しコピー・ペーストしてくるか，感想文を提出してくる学生が後を絶ちません．自分の意見や思ったことを並べた文章は感想文であって，レポートとはよべません．ブログやケータイ小説にあるような，短い一文一文を数行あけつつ書いた文章をもってくる学生もいます．ウィキペディアや他人のブログ記事の文章をコピーするのは論外です．

　レポートを書くためには，下調べを行い，これまでにわかっていることとわかっていないことを明らかにし，テーマを絞り込むところからスタートします．本書では，チャートとマップを利用したレポートの書き方の基礎基本を解説します．また，5章で，発展として t 検定などの統計分析の初歩を解説します．少し難しく感じるかもしれませんが，レポート作成の際のデータ分析に役立ててください．

　2010 年 3 月

加 納 寛 子

目　次

1　レポートとは　　　　　　　　　　　　　　　　　　　　　*1*

レポート作成の心得8箇条　*2*

感想文・作文（小論文）・レポート・論文の違い　*4*

基軸が変わると何が変わる？ —テーマを絞り込むことが重要　*6*

何を書いたらよいかわからない人への助言　*8*

骨子チャートの書き方 —「書評型」　*10*

骨子チャートの書き方 —「実験型」　*12*

骨子チャートの書き方 —「フィールドワーク型」　*14*

論文作成の手順　*16*

ワークシート　題材を見つけよう　*18*

2　情報の収集　　　　　　　　　　　　　　　　　　　　　　*19*

情報を収集する　*20*

インターネットで調べる　*22*

インターネット検索のデメリット —情報の信憑性　*24*

レポートや論文に使えるドメイン名は？　*26*

新聞記事を調べる　*28*

本・論文・雑誌記事を調べる　*30*

現場を見てみる　*32*

収集した情報を整理する　*34*

付録　検索の演算子　*36*

3 テーマを絞り込む 37

テーママップの作成　*38*

テーマを絞り込む　*40*

わかっていることとわからないこと　*42*

[ワークシート]　テーマを絞り込む　*44*

4 調査方法 45

質問紙法　*46*

S　D　法　*48*

実験法　*50*

参与観察　*52*

インタビュー調査　*54*

調査前の約束　*56*

[補足]　実験に失敗したときのまとめ方　*57*

[補足]　失敗しないための方法　*58*

5 結果の分析 59

結果の表現技法 —テキストデータ　*60*

結果の表現技法 —観察データ　*62*

結果の表現技法 —連続する数値データ　*64*

分析の基礎 —ロー・データ　*66*

分析の基礎 —度数分布表　*67*

分析の基礎 —折れ線グラフ　*68*

分析の基礎 —クロス集計表　*70*

仮説検定とは　*72*

基本データと記載方法　*74*

[発展]　*t*検定　*76*

発展 分散分析 *78*

発展 相関係数 *80*

発展 χ^2 検定 *82*

補足 SP 表 *84*

6 レポートを書きはじめよう *85*

書くこと *86*

構成の仕方 *88*

本文の書き方 ―事実を書く *90*

本文の書き方 ―読み手の立場になって書く *92*

本文の書き方 ―明快な文章を書く *94*

「書評型」の例 *96*

「実験型」の例 *98*

「フィールドワーク型」の例 *100*

考察をまとめる *102*

引用文献・参考文献・付記・注の書き方 *104*

知的財産権について *106*

ワークシート レポートを書きはじめよう *108*

7 相互チェック *109*

書式のチェック *110*

表記揺れや誤字脱字，内容の信憑性のチェック *112*

レポート・論文の評価 *114*

参 考 文 献 *116*

索 引 *117*

著 者 紹 介

加納寛子(かのう　ひろこ)

1971年岐阜県生まれ．東京学芸大学教育学部卒業，同大学院教育学研究科修士課程修了，早稲田大学大学院国際情報通信研究科博士後期課程満期退学．現在は山形大学基盤教育院准教授．専門は情報教育，情報社会論．ネット・ケータイなど新しいメディアと人との関係，情報の信憑性を判断する力や情報リテラシー教育について研究．

［主著(編著)］

『即レス症候群の子どもたち　ケータイ・ネット指導の進め方』，日本標準(2009).

『「誰でもよかった殺人」が起こる理由―秋葉原無差別殺人事件は何を問いかけたか』，日本標準ブックレット(2008).

『ケータイ不安―子どもをリスクから守る15の知恵』，NHK出版生活人新書(2008).

『現代のエスプリ No.492　ネットジェネレーション　バーチャル空間で起こるリアルな問題』，至文堂(2008).

『ネットジェネレーションのための情報リテラシー＆情報モラル―ネット犯罪・ネットいじめ・学校裏サイト』，大学教育出版(2008).

『情報社会論―超効率主義社会の構図』，北大路書房(2007).

『サイレント・レボリューション―ITによる脱ニート・脱フリーター』，ぎょうせい(2006).

『実践情報モラル教育―ユビキタス社会へのアプローチ』，北大路書房(2005).

『児童生徒が喜んで挑戦するコンピュータ課題集―情報活用力の育成を目指す』，明治図書(2003).

『ポートフォリオで情報科をつくる―新しい授業実践と評価の方法』，北大路書房(2002).

［分担執筆］

『わかる授業の科学的探求　授業研究法入門』，図書文化(2009).

『教育課程　重要用語300の基礎知識』，明治図書(1999).

『数学する心を育てる課題学習・選択数学・総合学習の教材開発』，明治図書(2002).

『教育評価読本―教育課程審議会答申の徹底理解』，教育開発研究所(2001)．ほか

また，高等学校の文部科学省検定教科書「社会と情報」，「情報と科学」の執筆などを行った．

1

レポートとは

レポート作成の心得 8 箇条

　昨今では低価格パソコンが普及し，大学へ入学してくる頃には，ほとんど
の学生が自分専用のパソコンを所有する時代となりました．知りたいと思う
ことがあれば，すぐに携帯電話やパソコンでネット検索をすれば，およその
概要や意味を知ることができます．しかし，どんなものごとにもメリットと
デメリットはつきものです．

　米国のある大学で，「島原の乱について」というテーマのレポート課題が課
されたことがありました．そのとき，レポートを採点していた教授は，歴史
誤認をした内容のレポートを見つけました．1人ならず，複数名が同様の誤
認をしたままレポートをまとめていました．学生らは，Webサイトで検索
して，ウィキペディアに書かれている島原の乱に関する記述を，そのまま引
用し，そのとき，ウィキペディアに書かれている島原の乱に関する記述は，
史実誤認の内容だったのです．

　また，ある日本の大学では，複数名の学生が，一字一句同じレポートを提
出してきたことがありました．一つのレポートを複数名の学生がコピーを
し，名前だけ書き換えて，それぞれ自分のプリンターでプリントアウトして
提出したのです．

　簡単に検索したり，文章をコピー・ペーストしたりすることが容易になっ
た反面，間違った情報をもとに，レポートを作成してしまったり，一字一句
同じ盗作レポートが複数名から提出されるという由々しき事態が起きてしま
うようになりました．これは，レポートを書く以前の姿勢の問題です．一世
代前までは「ただほど高いものはない」と，無料のものには十分注意するよう
に教わったものですが，ネットの情報＝ただ(無料)＝得をした，と思う若者
が増えているようです．

　しかし，コピー・ペーストしたレポートに手をこまねいているばかりでは

ありません．最近では，学生にデジタルデータで提出をさせ，検索チェックをかけると，同一レポートを提出している学生はいないかどうかを自動的にチェックできるソフトウェアも開発されています[注]．そのソフトでは，オンライン上のデータを事前に設定した文字数以上引用していないかどうか，有料の論文データベースから，一定の文字数以上引用していないかどうかなどもチェックできます．

　このほか，最近のケータイ小説やブログの書き方を真似たような，一文ごとに改行したり，10行ぐらい空白をあけた後に，詩のような文章が書かれていたりするなど，問題点が多数みられます．そこで，当たり前と思われるような内容ですが，レポート作成の心得8箇条を，はじめにまとめておきます．

レポート作成の心得8箇条

第1条　ウィキペディアなど，無料で入手できる情報には要注意！（2章 p.24参照）

第2条　オンライン上で見つけた情報を，そのままコピペ（コピー・ペースト）することは違法行為！（6章 p.106参照）

第3条　本や論文，Webサイトを引用するときには，引用箇所を明らかにし，引用文献をあげる．（6章 p.104参照）

第4条　段落のはじめは1字下げる．

第5条　まとまった内容であれば，「．」の後も改行せずに文章を続ける．むやみに改行しない．

第6条　基本的に章や節が変わるとき以外，空白行をつくらない．

第7条　図のキャプションは下，表のキャプションは上．

第8条　レポートは自分のメモではない．つねに読み手を意識すること．（6章 p.92参照）

[注]　論文剽窃発見ソフトウェアには，Turnitinやコピペルナーなどがある．レポートや論文の引用割合（論文データベースやWebコンテンツの文章との一致率）と，引用先が表示できます．

感想文・作文（小論文）・レポート・論文の違い

　書くという行為には，さまざまな目的が伴います．記録するために書くこともありますし，暗記するために何度も繰り返し書くこともあります．伝達するために書くこともあれば，日記などを書くことによって，自己を見つめ内省を促すこともあります．初等中等教育では，「書く」という行為の基軸が「本人」でした（生活綴り方教育）．作文は，生活体験からどう感じたのか，何を思ったのか，書くことによって自己を見つめさせることが中心でした．また，読書感想文は，書籍を客観的に論評する書評とは大きく異なり，ストーリー全体から（自分は）何を感じたのか，主人公について（自分は）どう思ったのか，つねに自分を基軸に書き進めるスタイルである点は，作文と同じでした．大学入試などで求められる「小論文」も，短い論文が求められているというよりも，テーマについて，自身の生活体験からどう考えたのか，課題文についてどう思ったのか，つねに基軸は書き手の生活体験に委ねられる作文に近いといえるでしょう．

　しかし，大学で課されるレポートや論文は，作文（小論文）や感想文とは基軸が全く異なります．レポートや論文の基軸は，客観性が求められます．生活綴り方教育にどっぷりとつかった初等中等教育時代には，主語はほとんどの場合「私」でしたが，基軸が「私」でなくなったとたん，どう書き進めていいのか戸惑うのでしょう．基軸が異なれば，それに伴い当然ほかも異なります．そこで，感想文・作文（小論文）・レポート・論文は，基軸のほか，どんな違いがあるのか表にまとめておきました．

　大学で課されるレポートや論文の種類は大きく三つに分けられます．一つめは，課題となる書籍を読んでまとめる「書評型」です．課題図書を読んでまとめるという点では感想文と似ており，戸惑うことも多いでしょう．二つめは，仮説検証型の実験を行いその結果をまとめる「実験型」です．三つめは，

仮説は立てずに特定のフィールドに入り込み，その一員となって，そこで起きている現象をまとめる「フィールドワーク型」です．

　もちろん，大学で学ぶ学問分野(ディシプリン)は多様であり，最終的に求められる方向はそれぞれ異なりますが，基本は普遍です．このことは，守・破・離，すなわち「規矩作法　守り尽くして　破るとも　離るるとても　本ぞ忘るな」という千利休が残した茶道の心得に，通ずるものがあります．つまり，基本となる作法を**守り**，基本が身に付いたら基本を**破り**独自の作法を見出して，師匠から**離れ**ていくときも，基本を忘れてはならないのです．はじめは，学問分野によって，全く異なるものを求められていると思うかもしれませんが，基本を身につけた後に，書きたいこと，書かなければいけないことに合わせて少しずつ自分のスタイルをつくっていけばよいのです．

表　感想文・作文(小論文)・レポート・論文の違い

	感想文	作文(入試等の小論文)	レポート	論　文
基軸	本人の生活体験に根ざした主観的基軸	本人の生活体験に根ざした主観的基軸	客観的基軸	客観的基軸
主題	主人公または題材に対する個人的な意見	自らの体験に基づく主張	普遍的な事実に基づく主張	普遍的な事実に基づく主張
書く内容	自分の考えに基づき，思ったことや感じたことを書けばよい	自分の考えに基づき，思ったことや感じたことを書けばよい	データや論理的推論に基づき論を組み立てる必要あり	データや論理的推論に基づき論を組み立てる必要あり
構成	自　由	自　由	条件のある場合が多い	自　由

ポイント

- ・　レポートや論文は，感想文や作文とは基軸が異なる．
- ・　学問分野が異なっても基本は変わらない．まずは基本を身につけよ．

基軸が変わると何が変わる？
― テーマを絞り込むことが重要

　前ページで，レポートや論文は，本人の生活体験に根ざした主観的基軸ではなく，客観的基軸になることを指摘しました．基軸が変わると何が変わるのでしょう？

　たとえば，【トオマス・マン作の『トニオ・クレエゲル』（岩波文庫，改訂版，2003)について】という課題のレポートあるいは論文を求められた状況を想定します．前ページの分類でいえば「書評型」にあたります．

　もし，読書感想文であれば，「トニオ・クレエゲルは，少し僕に似たところがあるなと思いました．出だしのところで，トニオが待ち望んだ散歩を，ハンスがトニオの半分も重要視していないことがわかっていても，心がはね躍るようにうれしく感じてしまう気持ちがよくわかります．僕は，小学生の頃，隣に住む二つ年上のお兄ちゃんと釣りによく行きました．隣のお兄ちゃんは，少し面倒だなと思いつつ僕を釣りに誘ってくれていたことはなんとなくわかっていましたが，お兄ちゃんと一緒に釣りに行けるだけで，心が躍るようにうれしかったことを覚えています．トニオもそんな気持ちなのだと思います．」などと，自分の体験をもとに，本を読んだ感想を書いてまとめればよいのです．

　レポートや論文であっても，自身の体験とクロスさせることもあるでしょうが，基軸はあくまで客観的なところに置かなければいけません．レポートであれば，トニオ・クレエゲルは作者トオマス・マンの若き日の自画像であったことに焦点を当てて論を組み立てる場合もあるでしょうし，1903年，28歳のときに執筆された作品であることから，その時代的背景に焦点を当てる場合もあるでしょう．レポートの場合は，3枚とか10枚とか枚数が限られている場合が多いので，とくにテーマを絞り込む必要があります．テーマを絞り込むとは，たとえば，歴史的背景に焦点を当てたならば，【トニオ・ク

レエゲルの時代的背景からの考察】となります．レポートであればこれがタイトルになるでしょうし，論文であれば，章の一つとなるでしょう．

　「実験型」「フィールドワーク型」の場合も同様です．レポートや論文の場合は，枚数制限，時間的制限のあるなかで，普遍的事実に基づいて一文一文を書かねばなりませんので，あれもこれもというわけにはいきません．自分の手が届く範囲で，小さくテーマを絞り込む必要があるのです．

　「実験型」の場合，たとえば，【ゲームの大学生への影響について】という課題のレポートあるいは論文を求められた状況を想定します．ゲームといっても脳のトレーニングなどのようなシリアスゲームもあれば，戦闘型のゲームもあります．自分の手が届く範囲でテーマ設定をし，期間内に実行することが求められています．このテーマであれば，【四則演算型シリアスゲームの達成段階と鶴亀算のテスト得点の関連性】などに絞り込むことができます．たとえば同じ学科の大学生に協力してもらい，シリアスゲームと鶴亀算100題ぐらいを用意しておき，「全問正解する時間」あるいは「一定時間内に解けた問題数」などの測定実験を行い，データを分析して考察をまとめることになります．

　「フィールドワーク型」の場合，【職業観について】という課題のレポートあるいは論文を求められた状況を想定します．この場合も，自分の手が届く範囲で，小さくテーマを絞り込む必要があります．レポートのために，フィールドワークをさせてくれと会社に突然やってきて，はいいですよ，という場合は少ないでしょう．入り込めるフィールドを見つけることがフィールドワーク型の場合重要になってきます．たとえば，ピザ屋のバイク便ライダーのバイトの張り紙を見つけたとします．バイトと本職とは異なるとはいえ，バイトをしながら，【ピザ屋のバイク便ライダーの職業観】などのテーマに絞り込みレポートをまとめることができます．

ポイント

　自分の手が届く範囲で，小さくテーマを絞り込む．

何を書いたらよいかわからない人への助言

　自分の手が届く範囲で，小さくテーマを絞り込むといわれても，なかなか何を書いてよいかわからず，書き出せない人もいるでしょう．詳しくは3章に示しますが，まずは，考えるよりも，行動を起こすことです．「難しい，わからない」といって，何時間も課題とにらめっこしていて，「レポートに膨大な時間を費やしても，とても書けそうにない」と言ってくる学生も時々います．書けないときに書こうとすればするほど書けなくなります．そんなときは必ず「手や足も動かすように」とアドバイスをします．

　たとえば「書評型」であれば，当然課題として与えられた本は読まなければいけません．読みながら，気になるページに付箋を貼っていきます（手を使う）．文房具屋に行けば，大小さまざまな付箋が売っています．文庫本大のサイズの付箋から，5 mm 幅の付箋までいろいろあります．いろいろなサイズのものを用意して，ただ印を付けたい場合は5 mm 幅の付箋，一言書き込みたいときは，2 cm 幅の付箋，章全体の概要をまとめて貼っておきたいときは，文庫本サイズの付箋，などのように，用途別に使い分けるとよいでしょう．読み終えたら，図書館に行き，類書や課題図書に対する批評記事が載った雑誌などを探します（足を使う）．それらも読みます．

　あるいは，題材によっては，課題図書の舞台となった場所へ手軽に行くことが可能であれば，そこへ出かけてみて，写真を撮ったり，聞こえる音，見えるものを書き留めたりすることがテーマを絞るヒントにつながるかもしれません．映画化されている作品であれば，本だけでなく映画を見てみるのも一つでしょう．

　「実験型」でどう取りかかってよいかわからない場合も，考え込んでいるより行動を起こすことです．【ゲームの大学生への影響について】という課題であれば，実際に，手足を使って，さまざまなゲームでプレイをしてみるのも

よいでしょう．最近では，跳んだりはねたりして汗だくになるテレビゲームもあります．どんなゲームをやったことがあるのか，周囲の友達に聞くという行動もあります．実験の前に，事前調査をすることもよくあります．詳細は次節以降，順に説明していきます．

「フィールドワーク型」でどう取りかかってよいかわからない場合も，考え込んでいるより行動を起こすことです．ここでいう「行動」とは，焦点を当てたいことを見つける，視点を変える契機を見つける行為全般を指しています．職業観についてのフィールドワークだからと，さまざまなバイトばかりしていても，表面的なものしか見えてきません．フィールドワーク型のときこそ，事前に幅広くいろいろな書物に目を通すことも重要です．

たとえば，マックス・ウェーバーが第1次世界大戦後の混迷期にあるドイツで，青年たちが事実のかわりに世界観を，認識のかわりに体験を，教師のかわりに指導者を求める状況を嘆き，「日々の仕事に帰れ」と叱咤した講演録である『職業としての学問』(岩波文庫，1936)のなかで描かれている職業観をまとめる作業に取りかかるのも一つでしょう．現代の日本とは全く異なる職業観をまとめたうえで，現代の日本の大学における研究者の職業観を比較してみるという視点の当て方もあるかもしれません．フィールドワークだからといって，必ずしも大学の外へ出て行く必要はなく，大学内にいる人々を観察してもいいわけです．

つまり，逆説的な発想をしてみます．書評型であれば，本を読むだけでなく，あえて外へ出て，いろいろ見たり聞いたりしてみるほうが，アイデアが浮かぶかもしれません．フィールドワーク型であれば，書物のなかからヒントが得られるかもしれません．

[ポイント]

　何を書いたらよいかわからないときは，考えるよりも，行動を起こすこと．逆説的な発想をしてみる．

骨子チャートの書き方
—「書評型」

およそ書きたいテーマが決まったら，まず骨子チャートを書きつつテーマを絞り込んでいきます．「書評型」「実験型」「フィールドワーク型」であれ，基本は同じです．骨子チャートが書けたら，レポートも論文も，もう半分できたのと同じです．また，章末のワークシートのようにテーマについての動機，調べたことなどを整理しておくと，あとでレポートが書きやすくなります．まず，「書評型」から説明します．

ステップ1　題材分割

まずは課題となっている本を読み，題材を分割し，自分の頭だけで考えるのではなく，それぞれについて，情報の収集を行います．

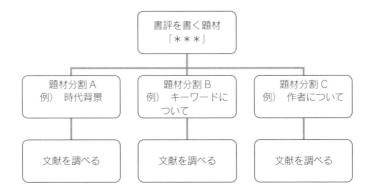

ステップ2　焦点化する

分割した題材ごとに複数の文献を調べた結果，レポートに残す題材と省略する題材を決めます．題材を一つに絞り，掘り下げるのもよいでしょうし，複数の視点から論ずるために，分割した題材すべてを活かす場合もあるでしょう．

ステップ3　構成を決める

起承転結の4段論法，序論・本論・結論の3段論法，いずれでもかまいません.

例）　焦点を一つに絞った場合

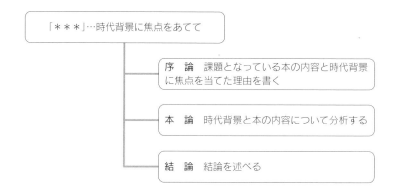

例）　二つの視点からまとめる場合

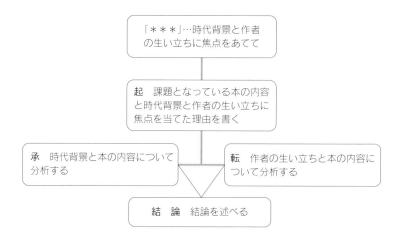

ポイント

課題となる本を読みながら題材を分割し，すでに論じられていることを調べ，焦点化する.

骨子チャートの書き方
―「実験型」

　実験型の場合も，題材分割，焦点化，構成を決めるというステップは基本的に同じです．

　ステップ1　題材分割

　まずは課題となっているテーマについて，自分の頭だけで考えるのではなく，それぞれについて情報の収集を行い，題材を分割します．実験方法まで指定がある場合は，このステップは飛ばしてもよいでしょう．

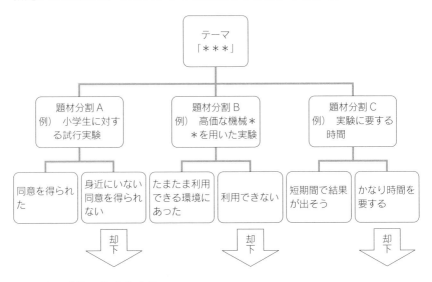

　ステップ2　焦点化する

　独立した研究者が，未知のテーマに取り組むときであれば，膨大な時間・費用・さまざまな環境的障害があっても取り組まなければいけない場合もあります．しかし，学生のうちは，基本的に世界的な発明も発見も期待されていません．時間的制約，費用的制約，環境的制約のあるなかで，実験を行い，すでに明らかにされていることを検証するか，限定的なケースについて

のみ結果を出すケーススタディで十分です．関心のあることのうち，さまざまな制約のあるなかで自分にできそうであるかどうか，必ず見通しを立て一つだけに絞ります．半期あるいは通年の授業であっても，授業のなかで課されるレポートや論文であれば，「実験型」の場合には必ず焦点は一つに絞ってください．一番関心のあることであっても，何らかの制約があって取り扱うことができなければ，レポートあるいは論文の最後に「今後の課題」として書いておけば十分です．

ステップ3　構成を決める

起承転結の4段論法，序論・本論・結論の3段論法，いずれでもかまいません．

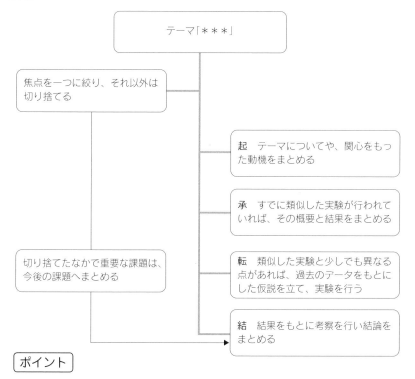

テーマ「＊＊＊」

焦点を一つに絞り、それ以外は切り捨てる

起　テーマについてや、関心をもった動機をまとめる

承　すでに類似した実験が行われていれば、その概要と結果をまとめる

転　類似した実験と少しでも異なる点があれば、過去のデータをもとにした仮説を立て、実験を行う

切り捨てたなかで重要な課題は、今後の課題へまとめる

結　結果をもとに考察を行い結論をまとめる

ポイント

「実験型」の場合には，必ず焦点は一つに絞る．関心の高いことに焦点を絞るのは当然だが，可能であるかどうか必ず見通しを立てる．

骨子チャートの書き方
―「フィールドワーク型」

フィールドワーク型の場合も，題材分割，焦点化，構成を決めるというステップは基本的に同じです.

ステップ1　題材分割

まずは課題となっているテーマについて，自分の頭だけで考えるのではなく，それぞれについて情報の収集を行い，フィールドの候補を立てます. フィールドまで指定がある場合は，このステップは飛ばしてもよいでしょう.

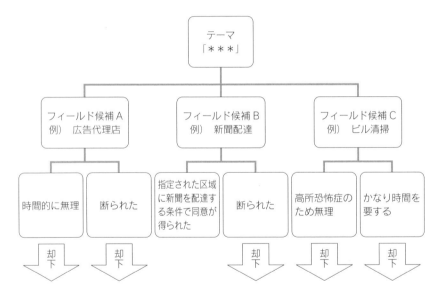

ステップ2　焦点化する

フィールドワーク型の場合も，一つだけに焦点を絞る必要があります. フィールドを選ぶ制約として，同意が得られても，9時始業17時終業の会社や学校などでは，大学の授業と重なり，フィールドに入る込むことは無理でしょう. また，高所恐怖症の場合，コンテナに乗って高いビルの窓ふきな

どの業務も含まれる清掃業であれば，同意が得られても無理でしょう．フィールドとして想定し得るところを書き出して，可能か不可能かで，かなり選別できるはずです．可能なフィールドのなかで，許可の得られたところ，調べたいことが観察できるところを選ぶ必要があります．

ステップ3　構成を決める

起承転結の4段論法，序論・本論・結論の3段論法，いずれでもかまいません．活動記録と，レポートや論文とは異なります．どんなことが起きたのか，見たこと目にしたこと，触れたこと，感じたことを詳細に記述することは重要ですが，それだけで終わってはいけません．必ず類似したフィールドワーク調査と比較し，メタ的に分析する必要があります．メタ的に分析するとは，つまり，観察し記述する自分がいて，観察し記述する自分をさらに客観的に，分析する自分がいるという状態です．

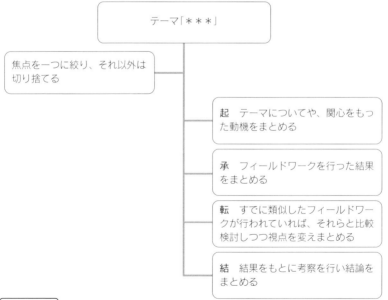

ポイント

「フィールドワーク型」の場合には，必ず焦点は一つに絞る．活動記録で終わらせない．

論文作成の手順

　本書では，おもに大学の授業のなかで求められる「書評型」「実験型」「フィールドワーク型」のレポートおよび基礎的な段階の論文作成の手順を扱います．ただし，自作小説を書いたりするような独創的なものや，形而上学的なもの，思弁的なもの，宗教的なもの，純粋数学や独自の発想だけでまとめるようなレポートや論文は含みません．また，独立した研究者や専門家が，世界的な発見・発明を目指す論文や長期的経過観察を行う論文も含みません．

　まずは，下記のチャートをたどり，自分に必要な部分から取りかかるとよいでしょう．

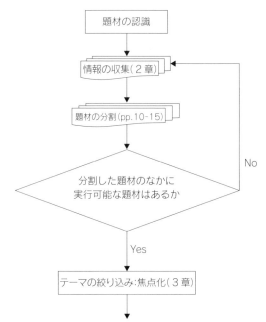

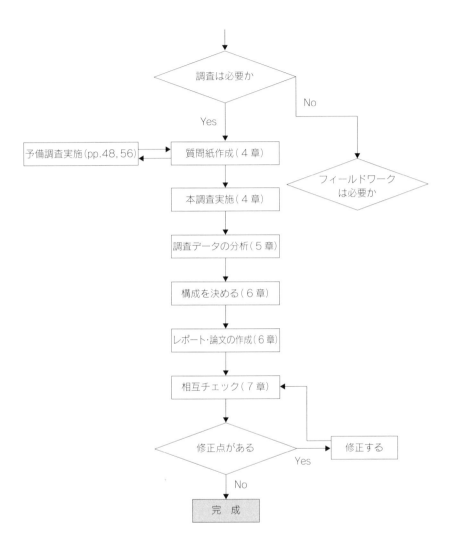

ポイント

- つねに全体像をイメージしながら，取り込むこと．
- 必ずしも順番通りでなくてよい．たとえば本調査をはじめてからも，気になる文献があれば，情報の収集にもどってもよい．

●　ワークシート：**題材を見つけよう**　●

（1）　情報社会に関するテーマ

```
┌─────────────────────────────────────────────────┐
│                                                 │
└─────────────────────────────────────────────────┘
```

（2）　テーマを選んだ動機

（3）　テーマについて読んだ書名(著者名、タイトル、出版社、発行年)と学
　　　んだこと

（4）　テーマについて検索したサイトのURLと学んだこと

（5）　調査方法

学籍番号　　　　　　　　　　　名前
(協力し合うメンバー全員の学籍番号と自分の役割)

2

情 報 の 収 集

情報を収集する

　情報収集のイメージを下図に示しました．いきなり本や論文からといっても，普段本や論文を読み慣れていない人にとって，敷居が高いかもしれません．高い敷居にいきなりつまずくよりも．つまずかない高さの階段を順に上っていくことをおすすめします．調べたいことを中心に，外堀から順に中心へ迫っていくようなイメージで，情報を収集していくとよいでしょう．

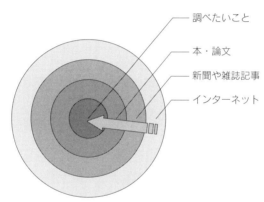

　　　　　　　　　　　　　　　　　── 調べたいこと

　　　　　　　　　　　　　　　　　── 本・論文

　　　　　　　　　　　　　　　　　── 新聞や雑誌記事

　　　　　　　　　　　　　　　　　── インターネット

図　段階的情報収集の手順

　情報を収集する方法には，下記の種類があります．収集した情報は，後で読み返したり，調べ直す必要が出てきますので，それぞれ（　）内に示したデータは，必ずメモをしながら情報を収集していきましょう．

① 書籍(著者名，編者名，タイトル，出版社，発行年)

② インターネット検索(URL)

③ 新聞(新聞社名と発行年月日，夕刊，日刊の別)

④ 論文(著者名(できるだけ全員の)，タイトル，雑誌名，巻数，発行年，pp.1-5などのようにページ数)

⑤ インタビュー(いつ誰にどこで聞いたか，また連絡しても構わないか

どうかなど)

⑥ 観察(日付，曜日，時間，天候，場所など)

そして，調べることが目的にならないように，何のために調べているのか
は，必ず頭の片隅に置いておいてください．はじめに広く情報収集する目的
は，テーマを設定するためです．

● テーマ設定の仕方

関心をもつ文献を調べていき，わかっていることと，まだわからないこと
を明確にして，テーマを絞り込みます(詳細は p.40，「テーマを絞り込む」)．

● テーマ発表

情報を収集する目的を明確にするためにも，テーマを決めた動機と解決し
たい問題(目的)と調査方法の発表を，小目標に立てるとよいでしょう．授業
のなかで発表の場がなければ，自分で発表するつもりで，以下のことがいえ
るようになることを目指してください．

例) 10件の文献を調べた結果，○と，△と，□についてはわかったが，
　　××については，まだ明らかにされていない．

　　そこで「＊＊」をテーマとし，調査方法として「●●」を行いたい．

ポイント

・ インターネットや新聞など身近なメディアから情報収集をはじめ，本や論
文を用い論拠の証拠固めを行う．
・ 情報を鵜呑みにしない．
・ 複数の文献にあたりクロスチェックを行う．
・ とくにインターネット上で知ったことは，必ず本や論文でも同様のことが
書かれているのか，事実確認を怠らない．

インターネットで調べる

　最近の学生や若者の多くは，何かを調べる＝インターネットの検索窓に調べたい単語を打ち込み，検索ボタンを押すことだと思っているようです．漢字を調べたいときも，パソコンを開いていなければ，携帯電話で変換して調べる人が多いようです．私自身も，電車のなかで英文を読んでいるときにわからない単語があると，携帯電話についているカメラでカシャッと読み取らせ，単語の意味を調べることもあります．とても便利な時代になりました．こういった便利な機能が使いこなせない若者もおり，まだまだデジタルディバイド（IT を使いこなせるものとそうでないものの間に生じる格差）の問題が解消されていないことを，とても口惜しく思うこともありますが，それはさておき，この節では，「何かを調べる＝インターネット検索」と思っている人へ向けて書きます．

　こう考えている人に限って，インターネット検索すら使いこなせていないのでは？　と思うことがあります．「そんなことはない」とつぶやく読者は多いと思いますので，ここで一つ課題です．「"インターネット"がつく生物名は何でしょう．」まあ，時間をかければ誰でも見つけることはできるでしょうが，瞬時に検索できれば検索の達人，へとへとに疲れてようやく見つかった人は，まだまだ修行が必要，といったところでしょう．（答えは章末に示してありますが，見ないで自分の「検索力」を試してみてはいかがでしょう．）

　さて，検索欄に「インターネット」と入力すると，「インター」や「ネット」という文字を含んだサイトまで検索されてしまいます．しかし，クォーテーションマークで囲み"インターネット"と検索すれば，「インター」や「ネット」という文字を含んだサイトは省かれます．

　また，最近の検索エンジンには，必ず「詳細検索」などという名前で，いろいろな条件を付けて検索することができるようになっています．

　下図は Google の「検索オプション」の画面です．すべてのキーワードを含む，フレーズを含む，いずれかのキーワードを含む，キーワードを含めないなどの条件を設定したり，ファイル形式を限定したりするなど，いろいろな条件を付けて検索をすることができます．検索オプションを利用することにより，知りたい情報をかなり絞り込むことができます．検索の演算子を用いても絞り込むことができます（章末の付録 p.36参照）．

図　Google の検索オプション画面

［ポイント］

　インターネットはおよそのイメージや意味を調べるのに適しているが，検索されたページの記述を過信しない．

インターネット検索のデメリット
― 情報の信憑性

　さて，インターネット検索は便利だということは重々承知のことと思いますが，デメリットは何でしょうか？　致命的なデメリットは，信憑性の低さです．大げさに聞こえるかもしれませんが，インターネットは，世界中の人々を発信者にしました．新聞やテレビ，ラジオなどのマスメディアにおいても情報をゆがめたり，意図的に不公平な伝達をしたり，さまざまな報道の問題が指摘されてきています．それは，報道の専門家には事実をゆがめず報道すべきだという前提があるからです．

　たとえば，マラソンで2人の人が同時にゴールインし，1位になった場合，新聞であれば2人を公平に報道することが求められます．一方，インターネット上のブログであれば，片方の人だけ褒めそやしても，誰も文句はいわないでしょう．片方の人のファンか肉親縁者か友人であるブロガーが，「本日の日記」として Web に書いているだけかもしれないのですから．こういった記事を読んだ読者も，知り合いか何かだから，片方だけ褒めているのだなと，気にも止めないことでしょう．

　しかし，石田三成のファンのブロガーが「関ヶ原の戦い」を描いたならば，徳川家康を血も涙もない冷血漢として記述するかもしれないし，逆に徳川家康のファンであれば，戦国武将の武勇伝の場として「関ヶ原の戦い」を描くかもしれません．学者が歴史的事実を明らかにするために記述したわけでも，報道の専門家が書いたわけでもなく，素人のブロガーが，趣味で個人のブログに自分が表現したいことを書いただけですから，どちらも表現の自由として許容されています．当然，検索エンジンで，「関ヶ原の戦い」を検索すれば，どちらのページもヒットすることでしょう．

　偏った見方をした記事を書いたブロガーが悪いわけではなく，それを歴史的事実と誤認した読者のほうが，自己責任をとらねばならない時代なので

す．つまり，一番伝えたいことは，便利にインターネットを利用することは大いに結構ですが，信憑性の判断は一人一人の個人なのだということです．そして，インターネット上の情報の正しさをインターネット上だけで判断することは，100％不可能なのです．次節以降で紹介する本や辞書などでも調べ，クロスチェックする必要があるのです．

ただし，インターネット上の情報の不確かさを極力排除する方法はあります．「検索オプション」などのような条件を指定して検索できるページでは，ドメインを指定したり選択することができます．「ブログフィルタ」などで「ブログは含めない」にチェックを入れると，個人のブログは検索されなくなります．

また，ドメインを指定することにより，特定のドメインのサイト内で検索することができます．下記Yahooの場合は，ドメインは選択式ですし，前ページのGoogleの場合は，入力することによって指定できます．レポートや論文を書く場合には，どんなドメインを指定したらいいのでしょうか？次ページで詳説します．

図　Yahooのドメイン指定検索の画面

レポートや論文に使える
ドメイン名は？

　インターネットは，どこかに王様のような司令塔があって指示を出しているわけではなく，世界中が蜘蛛の巣のようにつながって互いに助け合って情報をやりとりしています．つなぎ目には，ルータとよばれる交通整理役がいて，パケットとよばれる目的地が書かれた小分けされた情報を365日伝達しています．たとえ，一箇所のラインがダウンしてもルータは瞬時に別のルートを通します．そんな作業を一瞬に行うためには，わかりやすい住所を決める必要がありました．インターネット上を行き交う情報の住所がドメイン名なのです．まずは，どこの国から来た情報で，どこの国へ向かおうとしているのか，一瞬に判別する必要があります．そのため，メールアドレスやURL の一番最後に…….jp などと記されているのが，国を表すドメイン名です．.jp は日本ですし，.cn は中国です(国別ドメインの一覧は，巻末の参考文献を参照してください)．

　日本語で書かれたアカデミックなサイトを検索し，レポートや論文に使いたい情報を検索したいときは，go.jp，ac.jp の二つだけを指定することをおすすめします．ドメインの意味は次ページの表を参照してください．教育関係のレポートを書く際には，ed.jp も含めるとよいかもしれません．企業の比較などをするために，企業のサイトを調べる必要がある場合は，co.jp ドメインのサイトを調べる必要があるかもしれませんが，あくまで営利目的の企業の情報だという認識を頭の片隅にとどめておく必要があります．必要な情報は載っているかもしれませんが，その企業にとってイメージダウンになることは，省いて掲載してある可能性があるからです．

表　わが国の組織別ドメイン

go.jp	日本国の政府機関，各省庁所管研究所，独立行政法人，特殊法人(特殊会社を除く)
ed.jp	a)　保育所，幼稚園，小学校，中学校，高等学校，中等教育学校，盲学校，聾学校，養護学校，専修学校および各種学校のうちおもに18歳未満を対象とするもの b)　a)に準じる組織でおもに18歳未満の児童・生徒を対象とするもの c)　a)またはb)に該当する組織を複数設置している学校法人，a)またはb)に該当する組織を複数設置している大学および大学の学部，a)またはb)に該当する組織をまとめる公立の教育センターまたは公立の教育ネットワーク
ac.jp	a)　学校教育法およびほかの法律の規定による学校(ed ドメイン名の登録資格のa)に該当するものを除く)，大学共同利用機関，大学校，職業訓練校 b)　学校法人，職業訓練法人，国立大学法人，大学共同利用機関法人，公立大学法人
co.jp	株式会社，有限会社，合名会社，合資会社，相互会社，特殊会社，その他の会社および信用金庫，信用組合，外国の会社(日本において登記を行っている会社)
or.jp	a)　財団法人，社団法人，医療法人，監査法人，宗教法人，特定非営利活動法人，中間法人，独立行政法人，特殊法人(特殊会社を除く)，農業協同組合，生活協同組合，その他 ac.ip，co.jp，ed.jp，go.jp，地方公共団体ドメイン名のいずれにも該当しないわが国の法律に基づいて設立された法人 b)　国連などの公的な国際機関，外国政府の在日公館，外国政府機関の在日代表部その他の組織，各国地方政府(州政府)などの駐日代表部その他の組織，外国の会社以外の法人の在日支所その他の組織，外国の在日友好・通商・文化交流組織，国連 NGO またはその日本支部
ad.jp	a)　JPNIC の正会員が運用するネットワーク b)　JPNIC がインターネットの運用上必要と認めた組織 c)　JPNIC の IP アドレス管理指定事業者 d)　2002年3月31日時点に ad ドメイン名を登録しており同年4月1日以降も登録を継続しているものであって，JPRS の jp ドメイン名指定事業者であるもの
ne.jp	日本国内のネットワークサービス提供者が，不特定または多数の利用者に対して営利または非営利で提供するネットワークサービス
gr.jp	複数の日本に在住する個人またはわが国の法律に基づいて設立された法人で構成される任意団体
lg.jp	a)　地方自治法に定める地方公共団体のうち，普通地方公共団体，特別区，一部事務組合および広域連合等 b)　上記の組織が行う行政サービスで，総合行政ネットワーク運営協議会が認定したもの

ポイント

　インターネット検索の際には，ブログは含めず，ドメイン指定をするとよい．

新聞記事を調べる

　新聞記事を調べる方法は大きく分けてアナログ式とデジタル式の二つです．アナログ式というのは，普段から関心をもっている記事の切り抜きをスクラップしていく方法です．スクラップをはじめるときには，一つファイルを準備すればよいと思うかもしれませんが，はじめからテーマごとにファイルを変えて準備したほうが便利です．もちろん細かい整理が得意な人は，興味をもった記事をどんどん挟み込んでいき，付箋で色分けをし，並べ替えて……という作業も何の手間にも感じないかもしれません．整理術か何かの本にもそんな方法が書いてありました．しかし，並べ替えるためにも，もう一度それぞれの記事に目を通す作業が必要になってきます．そんな時間はもったいないと思う人は，あらかじめテーマごとにファイルを用意し，後から並べ替える手間なく，必要な情報が挟み込まれたファイルを引き出せるようにしておくことをおすすめします．

　私の場合，ネット関連の記事はスクラップしていますが，ファイル交換ソフトについて何かを書こうとするときに，探し当てた記事の次のページがネットいじめだったりすると，書く意欲がわずかながら減衰するのを感じたことがありました．もちろん付箋で種類分けをしていましたが，黄色の付箋を探してあっちを開いたりこっちを開いたり，赤黄青に並べ替えようとビニールファイルをバラバラにしたら，堅い紙のようには簡単に端をそろえることができず，大量のビニールファイルを穴に戻すのに手間取ったりもしました．ですので，細かくテーマごとにファイルを変えてスクラップするようにしています．デジタル式で調べれば，すぐに検索できるのにな，と頭のどこかでは思いつつも，アナログ式の方が便利に感じることもあり，続けています．

　デジタル式は，インターネット検索です．各新聞社のページを開き，サイ

ト内を検索すれば，最近の記事は検索できます．しかし，せいぜい半年程度までの記事しか検索できません．古い記事も検索したい場合は，各新聞社が提供している記事検索データベース（有料）の利用が必要になります．

　最近起きたニュースであれば，わざわざ検索しなくても記憶にとどまっているでしょうから，情報の価値は低く，無料で検索できるのです．「コンピュータウイルスの事件は，何年にはじめてニュースになったのだろう？」などと，いつ起きたかわからない過去のニュースは，情報の価値が高く，有料になるのです．

　下表は記事検索データベースの一覧です．

表　記事検索データベース

サイト名	内容	発行元
聞蔵	朝日新聞・週刊朝日・AERA・知恵蔵の記事を検索できる	朝日新聞社
読売新聞オンライン	読売新聞の記事を検索できる	読売新聞社
ニュースパーク	瓦版から号外に至る様々な新聞が閲覧できる	日本新聞博物館
日経テレコン	全国紙から地方紙まで幅広く新聞記事検索ができる	日経新聞社
ジー・サーチ	全国紙から地方紙まで幅広く新聞記事検索ができる	富士通
明探	明治新聞雑誌文庫所蔵検索システム	東京大学
国立国会図書館デジタルコレクション	官報他歴史的資料が閲覧できる	国立国会図書館
明治期出版広告データベース	明治期出版広告が検索できる	国文学研究資料館
古典籍総合データベース	初期新聞や新聞錦絵を検索できる	早稲田大学図書館
ことばに関する新聞記事見出しデータベース		国立国語研究所

各データベースのURLは丸善出版ホームページ（https://www.maruzen-publishing.co.jp/）内の本書の紹介ページにまとめてあります．

ポイント

　一つの事件でも新聞社によって取り扱い方が大きく異なることがある．必ず複数の新聞社の記事を比較するようにしよう．

本・論文・雑誌記事を調べる

　論文や雑誌記事検索に便利なのが CiNii[注]（http://ci.nii.ac.jp/）とよばれる
雑誌記事索引データベース・サービスです．国立情報学研究所が運営してお
り，現在319の学協会から許諾を得て，紙媒体の学協会誌約1090万タイトル
に掲載された約320万件の論文本文を NII-ELS[注] として PDF 化して公開し
ています．NII-ELS には，一部，大学等の研究紀要の本文 PDF も含まれて
います．著者名，論文名などを指定して検索すれば，参照したい論文をネッ
ト上で入手できてとても便利です．

　このほか，次ページの表のサイトも，書籍や記事検索には便利です．

図　CiNii の検索画面

表　書籍，記事検索サイト

サイト名	内容	発行元
J-STAGE	国内で発行された学術論文全文を読むことができる	国立研究開発法人科学技術振興機構(JST)
CiNii	国内で発行された学術論文全文を読むことができる	国立情報学研究所(NII)
IRDB	学術機関リポジトリデータベース	国立情報学研究所(NII)
国立国会図書館オンライン	日本国内の論文や書籍を検索できる	国立国会図書館
J-GLOBAL	日本国内の論文や書籍を検索できる	国立研究開発法人科学技術振興機構(JST)
Google scholar	国内外の論文を検索できる	Google
Elsevier	英語の論文を検索できる	Elsevier
Oxford	英語の論文を検索できる	Oxford
Web of Science	科学系の英語の論文を検索できる	ClarivateAnalytics
医中誌Web	日本国内の医学系の論文を検索できる	NPO医学中央雑誌刊行会
PubMed	英語の医学系の論文を検索できる	NCBI(米国)
Bibgraph	PubMedを日本語で検索でき，タイトルやアブストラクトも日本語に自動翻訳してくれる	エクスメディオ
NIH	英語の医学系の論文やオープンデータを検索・入手できる	NIH(米国)
NLM	英語の医学系の論文やオープンデータを検索・入手できる	NLM(米国)
CDC	英語の医学系の論文やオープンデータを検索・入手できる	CDC(米国)

NCBI：National Center for Biotechnology Information
NIH：National Institutes of Health
NLM：United States National Library of Medicine
CDC：Centers for Disease Control and Prevention
各サイトのURLは丸善出版ホームページ(https://www.maruzen-publishing.co.jp/)内の本書
の紹介ページにまとめてあります．

[注]　NII：National Institute of Informatics(国立情報学研究所)
　　　CiNii：Citation Information by Nii
　　　NII-ELS：NII-Electronic Library system

現場を見てみる

　インターネットを調べても，文献を調べても，もやもやとしてはっきりしないことがよくあります．テーマによりけりですが，百聞は一見にしかずといいますし，現場100回などという言葉もあります．関心をもったことがあれば，その対象を見ることによって，全身で情報を収集することができます．まじまじと観察したり，時間帯や日にちを変えて観察してみるのもよいでしょう．

　たとえば，子どもたちの公園での遊び方に関心があったとします．近くの公園へ1週間通います．そうすると，月曜日は昼間に来ていた老人が帰った後は，夕方になっても会社員の人が通りかかったり，高校生が自転車で公園を横断していくほか，誰も遊びに来ないかもしれません．火曜日には，フットサルをする男子小学生が集まっている，水曜日にはブランコに腰掛けて，ずっとおしゃべりをしている女子中学生が来ている．木曜日は，男女の小学生がぱらぱらと遊びに来ていて，滑り台の上や，ブランコ，砂場など思い思いのところに腰掛けているが，皆ケータイやゲームをしていて，一人遊びの状態かもしれません．金曜日は夕方になると公園で待ち合わせをする高校生や若い男女のカップルが複数来ていて，子どもたちは来ないかもしれません．土曜日曜には，父親とキャッチボールする小学生や，家族連れが遊びに来ているかもしれません．

　公園を観察することなく，「公園での女子小学生のボール遊び」とテーマを決めてしまっても，ボール遊びをする女子小学生が，観察しようとする公園にいなければ観察できません．

　一般にいわれていることが，身近な観察場所に該当するとは限らないこともよくあります．「派遣切りが行われ，職業安定所では常時長蛇の列」という新聞記事を見て，近くにある職業安定所も，毎日長蛇の列と決めてかかっ

て，いざ調査しようとすると，効率よくさばかれていて並んでいなかったり，検索用パソコンを大幅に増やし，長蛇の列になっていないかもしれません．新聞記事で写真が載っていた場所へ行っても，書いてあったことと違うこともあるでしょう．もしそうであっても，決して新聞記者の人が嘘を書いたわけではありません．記者の人が見たその日は，長蛇の列だったのでしょう．その後問題点が指摘され，解決策がとられ，解消していることはよくあることなのです．

　実態を可能な限り正確に把握するためにも，見ることができるものであれば，机の前で考えているよりも，現場を見ることが一番の良策です．見たり聞いたりさわったり，インタビューを行う（詳細はp.54「インタビュー調査」を参照）とよいでしょう．

[ポイント]

- ・　可能であれば，必ず現場に足を運ぶこと．何かを読んだり聞いたりした2次情報より，全身で受け止めた1次情報に勝るものはない．

収集した情報を整理する

　収集した情報は，ポートフォリオ（A4判のビニールポケットのファイル）を用意して，どんどん挟み込んでいくとよいでしょう．電子ポートフォリオの併用も有効です．新聞や雑誌の切り抜きなども含め，ほとんどの情報は電子化可能ですが，収集することが目的なのではなく，収集したものを「見て考える」ことが目的です．

　並べたり，比較したり，付箋を貼ったりするためには，電子データでないほうが扱いやすいでしょう．文献などの文字データは，読みながら，抜き出してワープロソフトでメモをしていったとしても，「見て考える」ためには，印刷してポートフォリオに挟みます．

　現場に行って公園を1週間観察するときには，毎日何枚か写真を撮っておくとよいでしょう．写真も印刷しA4用紙に貼り，写真を撮るときに気づいたことや思ったこと，考えたこと，疑問点などをすべて写真の周りに書き出します（図1）．

　また，日々刻々と起きている変化を時系列に表にまとめるのもよいでしょう．

2010年5月5日　○○公園
　父親とキャッチボールしている子どもがいた．

ジョギングしている姉妹もいた．
子どもの日だけあって楽しそうだな．

図1　写真による整理

表　時系列のまとめ

日　付	曜　日	事　項
5月5日	水曜日 （祝日）	家族で楽しそうに遊んでいる
5月6日	木曜日	皆ケータイやゲームをしていた
5月7日	金曜日	カップルが多い

情報をすべて挟み込んだポートフォリオが完成したら，キーワードを付箋に書いて，貼っていきます．（図2）

ポートフォリオに貼ったキーワードがテーママップに書き込むキーワードになります．

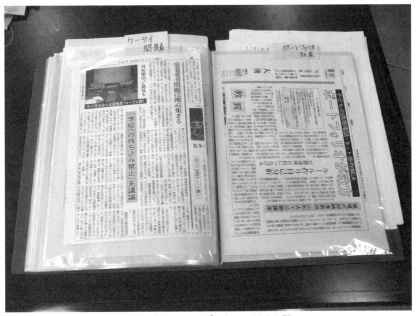

図2　紙ベースのポートフォリオの例

ポイント

- ・　収集した情報はきれいに整理することが目的ではない．
- ・　広げて並べ，比較したり書き込んだりできるよう紙ベースのポートフォリオにまとめておくとよい．
- ・　時系列データは必ず表にまとめておく．

● 　2 章の付録　 ●

検索の演算子

検索の演算子	検索方法 / 使用例	説　明	イメージ
AND 検索	A AND B または, A & B ウイルス AND コンピュータ	複数の語句を入力した場合に, すべての語句を含むトピックを検索する. 語句「ウイルス」と「コンピュータ」の両方を語句含む論文や Web サイトのみを検索する.	
OR 検索	A OR B ウイルス OR コンピュータ	複数の語句を入力した場合に, いずれかの語句を含む論文や Web サイト検索する. 語句「ウイルス」と「コンピュータ」いずれかにを含む論文や Web サイト検索する.	
NOT 検索	A NOT B ウイルス NOT コンピュータ	NOT の前の語句は含むが, NOT の後の語句は含まない論文や Web サイト検索する. 語句「ウイルス」は含んでいるが, 語句「コンピュータ」を含まない論文や Web サイト検索する.	
NEAR 検索	A NEAR B ウイルス NEAR コンピュータ	複数の語句が接近して存在する論文や Web サイト検索する. 語句「ウイルス」に接近して, 語句「コンピュータ」が出現する論文や Web サイト検索する.	

---

p.22の答え：インターネットウミウシ（体の模様がネットの構成図に似ている）.

3

テーマを絞り込む

テーママップの作成

　テーマを与えられて，すぐに，書き出せる人は少ないと思います．まず
は，思いつくままにキーワードを書き出してみてください．
　ステップ1　テーマを絞り込むときには，思い浮かぶキーワード，事前
調査で抽出されたキーワード，文献で調べて見つけたキーワードなどを，ま
ずランダムに並べます．
　ステップ2　並べたら，カテゴリーや階層ごとにキーワードを並べ替え
ます．
　ステップ3　全体を眺め，どのキーワードに一番関心が高いか，どのカ
テゴリーならば取り組めそうか，関心度合いと実現可能性を天秤にかけ，一

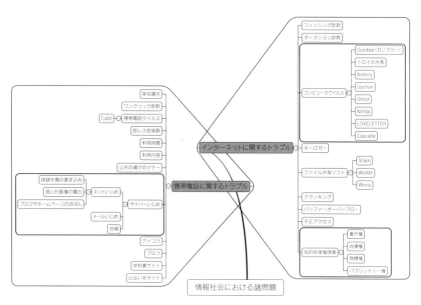

図　テーママップの例

番バランスのいいテーマを選びます．たとえば，「情報社会における諸問題」
が，テーマであれば，前ページの図のようになります．

　また，テーママップの作成には，さまざまな便利なフリーソフトウェアが
開発されています．Argument map, Cognitive map, Concept map, Mind
map などをキーワードに検索すると，複数のソフトを入手することができ
ます．自分が使いやすいと思うものがあれば利用するとよいでしょう．

〈マップ作成ソフトのダウンロード先〉

○　Mindomo（有料）

　　http://www.mindomo.com/index.htm

○　Araucaria3.1

　　http://araucaria.computing.dundee.ac.uk/doku.php?id=version_3.1

○　Argumentative Argument Map Software

　　http://sourceforge.net/projects/argumentative/

○　Compendium

　　http://compendium.open.ac.uk/institute/download/download.htm

○　Free Mind

　　http://freemind.sourceforge.net/wiki/index.php/Download

　　http://www.freemind-club.com/

ポイント

　思いつくままキーワードを並べ，マップを描いたら，関心度合いと実現可能性
を天秤にかける．

テーマを絞り込む

　テーママップが完成したら，キーワードそれぞれについて，次の3点を検討してみてください．

① 自分の力で扱えるかどうか

　　いくら壮大なテーマであっても，社会的に意義のあるテーマであっても，自分に扱えなければ，まとまりません．漠然としすぎていても，限られた時間ではまとまりません．扱えないキーワードには×，漠然としているキーワードには△マークを付けてください．

② 関連資料が入手可能であるかどうか

　　本書で扱う「書評型」「実験型」「フィールドワーク型」のレポートおよび論文作成の場合には，何の資料にも頼らず，自分の頭と経験だけで書き進めることは考えられません．むしろ，学生に課されるレポートや論文は，テーマについての資料の調べ方の練習をしているのだ，と割り切ったほうがよいかもしれません．知っていることを書くというより，知らなかったことを自分で調べ，学びつつ書いていくことがほとんどでしょう．

　　方法は，2章で説明した「情報を収集する」の項を参考に，CiNiiなどの論文検索サイトなどの検索ボックスに，キーワードを一つずつ入力してみるのです．100件以上の文献が検索されるキーワードもあれば，全く検索されないキーワードもあるでしょう．新しすぎても，古すぎても，情報の収集は困難でしょう．検索されないキーワードには，×マークを付けていってください．

③ 必要なデータは集められそうか

　　これは，「実験型」「フィールドワーク型」にあてはまります．必要なデータが集まらないテーマではまとまりません．以前「ネットカフェ

難民の実態を調べたい.」という学生がいました. しかし, どこのネットカフェに行っても, アンケートも, 来訪者へのインタビューも会社側からの許可が得られませんでした. 週刊誌であれば, こっそり内部の人に聞いて裏話をまとめることもあるかもしれませんが, レポートはあくまで正当な手段を踏まなければいけません. 短時間にまとめるレポートであったため, その学生は「ネットカフェ難民に対する大学生のイメージ」にテーマを変えました. 受講生に対してアンケートをとり, ネットカフェ難民に対する社会問題の温度差の相違などをまとめ, それなりによくまとまりました.

　データが集まりそうなキーワードに○マークなどを付けます.

以上の3点を検討すると, 下図のようになります. データ対象の予定なども書き込んでおいてもいいでしょう. 無理をしないことがポイントです.

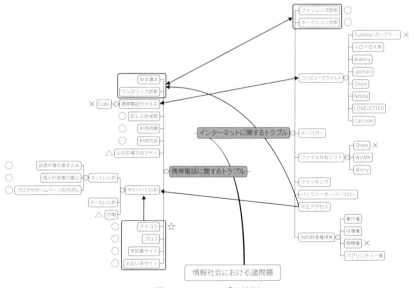

図　テーママップの検討

テーママップに○×△の書き込みができたら, ○のついたキーワードのなかで, もっとも関心の強いものに☆マークを付けます. これが絞り込んだテーマとなります. さらに関係性や包摂関係も書き込んでおくとよいでしょう.

わかっていることとわからないこと

　テーマを絞り込んだら，そのテーマに関する文献にざっと目を通し，わかっていることとわからないことをはっきりさせます．この作業をおろそかにすると，途中まで進めた段階で，振り出しに戻らざるを得ないことになりかねません．振り出しに戻るということは，制限のある時間のうち，それまで積み上げてきたことが無駄になってしまうことになります．ここでいう無駄とは，期限の短い提出物に対して，時間的なロスになるという意味であって，長い人生にとってみれば，何度も振り出しに戻る経験を積むことは，決してマイナスではありませんので，誤解がないようにしてください．

　わかっていることとわからないことを明確にする方法は，ありきたりですが，文献を読みながら，文献のなかでわかったことには，線を引きながら読みます．レポートや論文のなかで引用するために，わかったことをメモしていくのもよいでしょう．手書きで書いていた時代には，手書きでメモをしても，引用するときには，また書かなければいけませんでしたが，今は，ワープロソフトのコピー・ペーストで貼り付けることができます．メモ書き＝レポートの一部の作成につながります．

　たとえば，「情報社会の諸問題」のうちの「アイコラ」にテーマを絞ったとしましょう．まずは，アイコラの問題点について触れている文献を探す必要があります．文献を探し，わかっていることとわからないことを明確にし，表にまとめます．

　わかっていることを文献から抜き出すときには，必ず「書誌情報」も記載しておきます．レポートにまとめる段になって，抜き出した文章を見て，これはどの文献の何ページにあったのか思い出すのはとても大変な作業になります．メモをするたびに，書名，著者名，出版社（発行者），発行年，ページの5点セットは必ず記載する習慣をつけてください．

　もちろん文献は一つだけでは不十分です．一つのキーワードについて，複数の文献に当たるように心がけてください．さらに，今回の場合であれば「アイコラ」に派生するキーワード，周辺的なキーワードについても，わかっていることとわからないことを表にまとめます．「わからないこと」の欄に書かれた内容が「わからないことリスト」です．このなかのリストから，一つだけ，一番知りたいことで，自分にとって調査可能な内容を選びます．

　また，テーママップの作成から本項目までは，章末のワークシートを利用して整理するとよいでしょう．

表　アイコラについてわかっていることとわからないこと

わかっていること	わからないこと
アイドルコラージュという写真合成の方法で，略してアイコラとよばれています．アイドルの顔写真だけでなく，いじめのターゲットとなっている子どもの写真とネットからダウンロードした裸の写真を合成して，学校裏サイトなどに公開されていることがよくあります．当然肖像権侵害ですし，名誉毀損罪にも当たり，れっきとした犯罪行為ですが，巷にあふれる，アイコラ画像を目にした子どもたちは，ちょっとしたいたずら気分でアイコラ遊びをするのでしょう．最近の画像ソフトは使い勝手がよくなり，2枚の写真を合成するだけならば，簡単に子どもでもつくることができます．（『即レス症候群の子どもたち ケータイ・ネット指導の進め方』加納寛子著，日本標準(2009)pp.36,37より引用）	・アイコラという言葉はどれくらい認知されているのか． ・アイコラに関する問題点をどれくらいの人が認知しているのか． ・アイコラに関する問題に対する温度差． ・中高生のプロフ（インターネット上のプロフィールサイト）に，問題のある写真（裸の写真など）が掲載されているとき，どれくらいの人がアイコラによるネットいじめを疑うだろうか？

ポイント

- 簡単なことなのに検証されていない．そんな盲点を見つけるとよい．
- 盲点を見つけるためには，テーマについて熟知する必要あり．
- 熟知するためには，テーマについて書かれた文献を深く広く読まなければいけない．

● ワークシート：**テーマを絞り込む** ●

（1） テーママップの作成．

```



```

　自分の力では扱えないもの，関連資料が入手できないもの，データ収集が困難なものには×をつける．

（2） ×がつかなかったキーワードのなかで，もっとも関心が高いテーマ．

```

```

（3） （2）のテーマについて，わかっていることとわからないことを表にまとめる．

わかっていること	わからないこと （知りたいこと）

4

調 査 方 法

質 問 紙 法

　質問紙法は，問いや仮説を検証するための特定の集団に対するデータを引き出す目的で実施されます．仮説を実験(調査)結果によって検証するという意味合いで，質問紙を用いたレポートや論文も「実験型」の一つとして見なします．質問紙によって収集されたデータは，分析され，何らかの結論が導かれます．そのために，実態を表す指標を定量化する質問項目を考案します．定量データとは，年齢，時間，テストの得点，温度，回数など，連続した量で表された数値です．定性データとは，次ページで示す質問紙の4.のように，全く不安でない(1)〜大変不安である(6)までの間隔尺度で回答を求めた数値です．間隔尺度はリッカートスケールとよばれることもありますが，間隔は均等でなければいけません．言葉だけでは人によって感覚が異なる場合もありますので，数直線のような図を書いておいて，番号に丸をつけてもらうとよいでしょう．

　一方，探索的に母集団に潜在する要因を探りたい場合には，記述式によって回答を求めることもありますが，解釈の難しい場合が多いでしょう．アンケート調査の分析に慣れないうちは，じっくり定量化できる質問項目を考案することをおすすめします．だからといって，記述式の質問項目をつくらないようにせよと言っているのではありません．回答が大変にならない程度に，記述式の質問項目もつくっておくことによって，定量的データから，特定の傾向がみられた場合の解釈に役立つこともあります．

　また，実態を表す指標を定量化する質問項目が思い浮かばないこともありますし，実態をつかまないと質問項目がつくれない場合もあります．その場合は，おもに記述式で予備調査を行います．たとえば，「携帯電話に関する問題点は何ですか？」「携帯電話と聞いてイメージするキーワードを書いてください．」などと，探索的に母集団に潜在する要因を探ります．そして，記述

式で得られた回答のなかから，知りたいこと明らかにしたいことと照らして質問項目を考案します．

携帯電話に関する質問紙

1．携帯電話へフィルタリングはつけていますか？

      Yes   No

2．あなたは携帯電話を何歳から利用をはじめましたか？

      歳

3．あなたはインターネットを何歳から利用を始めましたか？

      歳

4．携帯電話が手に届くところにないと不安である．全く不安でない（1）〜大変不安である（6）までの該当する番号に丸をつけてください．

5．4．で回答した理由を書いてください．

  _____

　質問紙調査には，全数調査（悉皆調査）と標本調査があります．標本調査を行うときには，ランダムサンプリング（無作為抽出）が必要です．ランダムサンプリングを行うときには，表計算ソフトで「乱数」を用いるとよいでしょう（操作方法は，表計算ソフトの「ヘルプ」に「乱数」と入力し検索すると表示できます）．

ポイント

・　探索的に探りたい──→記述式質問紙
・　問題の因果関係を事前に予測し検証したい──→定量的質問紙

ＳＤ法

SD(semantic differential)法とは，オズグッド(Osgood)らによって開発された質問紙の尺度作成方法です．概念やイメージに対して，対照的な二つのキーワードを用意し，距離を測定することによって，対象に対するイメージや意味構造を明らかにしていく方法です．

尺度は，明らかにしたいことによって変わってきますが，もし，すでに作成された尺度があれば，それを用いるのもよいでしょう．しかし，「ネットカフェ難民に対するイメージ」とか，「ガンブラー(2009年末から2010年のはじめにかけて流行ったコンピュータウイルス)に対するイメージ」などのように，まだ，SD法による尺度が作成されていないテーマもたくさんあります．この先新しく登場するキーワードこそ，SD法により，人々のもつイメージや意味構造を明らかにしていくことに意義があるともいえます．

たとえすでに作成された尺度があっても，時代にそぐわなければ新しい尺度を追加するなどの修正が必要になってきます．実際は自分で尺度をつくるところからはじめなくてはならなくなる場合が多いでしょう．尺度を作成するためには，概念から自由連想する言葉を書いてもらうなどの予備調査が必要になります．予備調査から得られたキーワードを精選して尺度を作成します．

尺　度　例		
安心	—	不安
かたい	—	やわらかい
暗い	—	明るい
近い	—	遠い
よい	—	悪い

一つSD法を用いた文献を紹介しましょう．林(2008)[1]は，学問のイメージとして，文系と理系の大学生に「文学」と「数学」のイメージにふさわしいと思う数字の回答を求めました．数直線上の数字に〇を付ける方法で，SD法やリッカートスケール型の質問紙によく使われる回答方法です．回

答結果は，それぞれ平均得点を，下記のような図に表して表現されることが
よくあります．

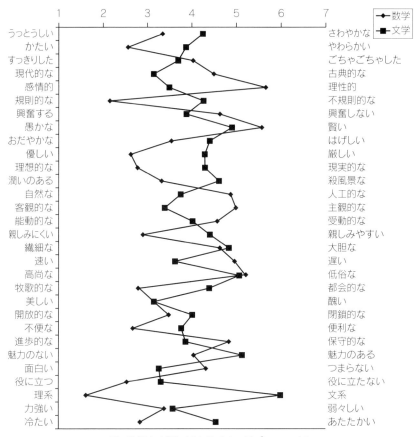

<table>
<tr><td>うっとうしい</td><td></td><td></td><td></td><td></td><td></td><td></td><td>さわやかな</td></tr>
</table>

図　数学と文学に対するイメージプロファイル

林 美都子 (2008)，学問イメージ調査：理系と文系，日本教育心理学会総会発表論文集，50，
p.696.

ポイント

　尺度づくりをはじめる前に，必ず既存の尺度はないか十分に調べること．

[1]　林 美都子(2008)，学問イメージ調査：理系と文系，日本教育心理学会総会発表論文集，50，
p.696.

実 験 法

実験といってもさまざまな方法があります．しかし基本的プロセスは，何らかの仮説を立てて検証するのです．ナトリウムや銅を燃やすと炎の色が変わるのではないか，という仮説を立てて検証し，ナトリウムを燃やすと黄色になった，銅を燃やすと青緑色になった，などの結果を得る炎色反応の実験ならば，化学の授業で経験していることでしょう．

　しかし，実験法は心理学実験や教育効果の測定など，人文科学や社会科学の領域でもよく用いられます．実験群と統制群に分け，何らかの効果を検証するのです．実験群が複数あってもかまいません．二つ，あるいは複数の群は，それぞれ異なる条件をもつか，負荷を加える群と，加えない群などで，条件の違いを比較します．

　たとえば，知覚に関する研究でも実験法はよく使われます．一方のグループには，jklmn という文字列を見せ，もう一方のグループには12345という文字列を見せたとしましょう．それぞれ異なる5文字の文字列を見せた後に，「1」は何に見えるか問えば，前者は「エル」と答え，後者は「イチ」と答えるであろうと仮説が立てられます．それを実験するのです．Bや*B*が「ビー」と「13」に見えるなど，同じものが違って見える知覚実験のよくある形式の一つです．

　もう一つ，3群に分けた例を示しましょう．ポートフォリオ評価によって育つ学力とそうでない学力を比較しました[1]．被験者を，ポートフォリオ評価を行っているポートフォリオ評価群，問題解決を中心とした授業を行っている問題解決群，例題の解説を行い例題を演習させるタイプの教師主導型群とし，高校1年生207名（6クラス）を69名（2クラス）ずつの3群に分けました．

　それぞれの学習目標，評価観点ごとに3群を比較しました．図は，計算力・思考力・学習意欲に関する得点の平均点を表しています．計算力に関し

ては，教師主導型群の平均点は若干高くなりましたが，有意な差は得られませんでした．しかし，計算力の標準偏差は，3群のなかでもっとも高く，学力格差が大きくなるという結果を得ました．

　一方，学習意欲や思考力に関しては，ポートフォリオ評価群の得点はもっとも高く有意な差が得られました．そこでさらに，思考力に含まれる要素のうち，推論（アブダクションとアナロジー）・論理性・数感覚のなかのどれが育成されるのか，比較検討を行い，いずれもポートフォリオ評価群のほうが高い得点を得ることができました．ポートフォリオ評価は，振り返りを促し，学んだ知識と知識を比較したり関連づける活動の習慣化を促すため，このような結果が得られたと推察されました．

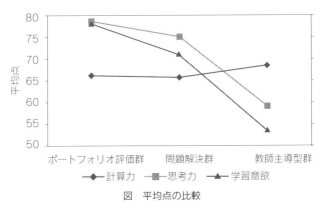

図　平均点の比較

　実験法のポイントは，同じ実験を何度でも再現することが可能であり，同一の条件下であれば，同じ結果が得られるという再現性の確保が重要です．もともと差のある群同士を比較したのでは，条件を加えたことによる効果の測定ではなくなってしまうからです．比較する群が等質であるかどうかは，等質性の検定によって調べることができます．等質性の検定によって群間に差がないことがわかれば，片方の群に特定の条件を付け，実験後の結果を比較することにより，条件の効果が検証されます．

[1]　加納寛子(2002)，『ポートフォリオで情報科をつくる』，北大路書房.

参 与 観 察

　参与観察とは，簡単に言えば，特定の集団のなかに入り込み，そのなかに
とけ込み，集団特有のものの見方や考え方，行動様式，風習，慣習などを捉
えてくることです．もっとも直接的な方法で，日常的な事柄について，多面
的に包括的に深層を知りたいときに向いています．

　方法としては，あくまで部外者の立場で，起きていることをすべて速記の
ように書き留める方法と，参加者の一人となり，対象者とともに生活し，行
動し，考え，対象社会で起きている現象を捉えてくる方法があります．前者
は，会話はもちろん，沈黙やノック音なども，何の合図を表すのか，前後の
いきさつから推察されることまで，書き留めていきます．しかし，あくまで
部外者としての立場ですので，対象の深層を探るには限度があります．一
方，後者は，対象者のなかに入り込むため，対象の深層により近付くことが
可能ですが，オーバーラポールに陥る危険性，つまり，内部に入り込めば，
どうしてもその集団のなかでの地位や役割が生じ，それに過剰に影響されて
しまう危険があります．メリットやデメリットはありますが，文献を調べた
り，行動実験を行ったり，アンケート調査を行ったりする方法では得られな
い対象の実態を探ることができる方法です．

　この方法は，言葉で説明するよりも，実際に参与観察をしてまとめられた
文献を読むほうが早いでしょう．百聞は一見にしかずです．参与観察型のレ
ポートや論文は，1984年以降非常に増えました．1990年代には，統計的な手
法による論文よりも，参与観察型の論文のほうが脚光を浴びていた時期もあ
りました．ですので，参与観察型の論文や書籍などを集めることは容易です
し，目にする機会は大変増えました．しかし，本質がみえてくる段階までに
到達している参与観察型の文献は非常に少ないと言わざるを得ません．

　国内の文献のなかで，もっとも参考になる文献として『暴走族のエスノグ

ラフィー――モードの叛乱と文化の呪縛』(佐藤 郁哉 著，新曜社，1984)をお
すすめします．筆者も，学生の頃にこれを読み，参与観察の手法を学びまし
た．暴走族がなぜ暴走するのか，端から見れば「遊び」であることが，実は，
彼らが構成するメンバーにとっては慣習的な意味があったり，「踏み絵」の役
割を担っていたりすることが伝わってきます．どう見ても「遊び」にしか思え
ない行為が，彼らを構成員として成立させるための呪縛だったりするので
す．参与観察は，見たことを見たままに記述することが基本ですが，外の人
の目で見ている限り，本質はみえてきません．「遊び」が「呪縛」にみえてきて
はじめて，参与観察といえるのです．

　また，『エスノメソドロジー――社会学的思考の解体』(ハロルド・ガーフィ
ンケル 著，山田 富秋 訳，せりか書房，1987)もおすすめです．著者のガー
フィンケルは，メルロポンティの現象学に影響を受けており，少し堅い記述
の部分もありますが，しっかりとした参与観察の手本となる本です．

　参与観察の手法を体験的に学ぶために，アルバイト先の構成員のものの見
方や考え方，行動様式，風習，慣習などを捉えてくる方法があります．取り
組みやすい方法でもあり，社会を学ぶうえでも非常に意義のあることです．
しかし，アルバイトというスタンスでは，オーバーラポールがはたらいてし
まうようです．自分はオーバーラポールに惑わされないという確固たる自信
がない場合は，あくまで部外者として，空気のようにその場に立ちつくし，
見たこと聞いたこと感じたことを書き取る方法を，おすすめします．

ポイント
　参与観察法は，オーバーラポールに気をつける．

インタビュー調査

　インタビュー調査には，単独インタビューとグループインタビューがあります．単独インタビューとは，対象者一人に対してインタビュー調査を行う方法です．グループインタビューとは，2～8人程度のグループでインタビュアが司会者となり，座談会形式で話を進めていきます．

　単独インタビューの場合，他人には聞かれたくないような個人の体験や意向の深層を尋ねるメリットがあります．しかし，他者からの相互作用は期待できません．一方，グループインタビューの場合には，対象者同士の互いの発言により相互作用が生まれ，話題の発展性が期待できます．しかし，特定の人の発言に影響を受けやすかったり，プライベートな内容には立ち入れないという欠点もあります．どちらも一長一短です．

　さらに，グループインタビューのかたちには，円座型とパネル型があります．

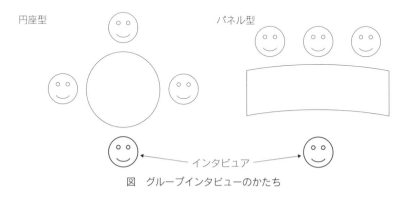

図　グループインタビューのかたち

　円座型の場合は，「アイコラによるネットいじめがおきた場合にどう対処したらいいだろうか？」「情報社会で求められる力は何か？」などのような，

構成メンバーで少し議論をすると，話題が発展するようなテーマのときが望ましいでしょう．

　パネル型の場合は，たとえば，課題に対してそれぞれの見解を述べてもらったうえで，ディスカッションに移行するようなテーマのときが望ましいでしょう．たとえば，法律の専門家の感覚と，専門でない人の感覚を調べる実験として，下記のような課題が考えられます[1]．

　警察では，2009年11月30日午前，ファイル共有ソフト「Share」を利用した著作権法違反事件について全国10都道府県において一斉取締を実施しました．その結果，著作権法(公衆送信権侵害)違反で，11人が検挙されました．違法に送信された著作物コンテンツは，邦画，洋画，アニメ動画，楽曲，ゲームソフトです．コンテンツごとにどれくらいの量刑が適当だと思いますか？
参考：著作権法第23条第1項(公衆送信権侵害)
　　　著作者は，その著作物について公衆送信(自動公衆送信の場合にあっては，送信可能化を含む.)を行う権利を専有する．(10年以下の懲役，1000万円以下の罰金(併科))

ポイント

　インタビュー調査には，単独インタビューとグループインタビューがあり，グループインタビューには円座型とパネル型がある．いずれも一長一短のため，課題ごとに方法を変えたり，アンケート調査などと併用するのもよい．

[1]　警察庁ホームページ(http://www.npa.go.jp/cyber/warning/h21/091130_1.pdf).

調査前の約束

　質問紙法であろうと，参与観察であろうと，インタビュー調査であろうと，第三者に対し，調査依頼を行うときには，承諾書が必要です．結果を希望する場合は，連絡先を控えておく必要があります．以下の承諾書例を参考にしてください．

承　諾　書

　調査の主旨は，「＊＊＊」の問題を解決することを目的としています．これまでに，文献による調査は終えました．「＊＊＊」のことはすでに調査があり，「＊＊＊」という結果を得ていますが，「＊＊＊」に関する部分が不足しています．そこで，具体的な現状と実態を把握するために，インタビューへご協力お願いします．収集した情報は，個人が特定されないように加工して，Webサイト等に一般公開します．
ご承諾いただけますか？　　　　はい　　いいえ

　署名

　注）　最近では，個人情報という言葉が誤解され，過剰反応のため，調査がしづらくなっていると聞いています．個人情報とは，個人情報取扱事業者に適応される法律である点などが，大きく誤解されています．学校現場で行うアンケートまで閉め出されてしまう問題点も起きていますので，正確な理解が必要です．たとえば，学校の先生一個人は，個人情報取扱事業者でしょうか？　答えに自信のない人は，正確な情報を知ったうえで，調査を依頼するとよいでしょう．
（参考）消費者庁の個人情報のサイト：
http://www.caa.go.jp/seikatsu/kojin/index.html

実験に失敗したときのまとめ方

　仮説を立てて検証するという行為は，仮説が正しいといえるかどうかわからないから検証が必要となるのです．明らかに正しいとわかっている，あるいは，すでに明らかにされている結果があるならば，あえてその実験を行う必要がなくなってしまいます．ですので，実験や検証には失敗はつきものです．

　結果が，期待したとおりにでなかった，というのも一つの結果です．世の中の人に当たり前と思われている差が，実は，きちんと測定してみたら差がなかった，全く事実無根のことであった，などがわかれば，それは大きな発見にもなります．

　しかし，結果が期待通りに出なかった場合は，その要因を考える必要があります．

要因1：理論の誤り

　　　そもそも，根本的な理論が誤っていたために，適切な仮説が立てられず，期待通りの結果が出なかった可能性も考えられます．この場合は，時間があれば仮説を立て直し，再実験するとよいでしょう．再実験の時間がなければ，理論がどう誤っていたのかを分析した結果をまとめるしかないでしょう．

要因2：方法の誤り

　　　仮説を検証する方法が誤っていた可能性も考えられます．その場合は，適切な方法をとる必要があります．方法が誤っていたわけですから，極力適切な方法で再実験することをおすすめします．

要因3：被験者に問題がある

　　　残念ながら，協力的な被験者ばかりではありません．非協力的であったため，顕在化すべき傾向が現れなくなってしまうこともあります．明らかに態度が悪いなどであれば，それとわかりますが，そうでなくても非協力的な場合もあります．時間があれば，別の集団に同じ実験を行い，比較してみるとよいでしょう．再実験のゆとりがなければ，やはり被験者の特徴から，期待する結果が顕在させられなかった要因を分析するのも一つのまとめ方です．

失敗しないための方法

　前ページに示した，失敗した場合の要因は，いずれも事前に回避できるものばかりです．レポートを一晩で書いてくるように課される場合は，ほとんどないはずです．どんなに短くとも1週間は執筆期間が与えられるはずです．そのときに，自己判断だけで進めてしまうのではなく，進捗状況をポートフォリオに記録しながら進め，区切りごとに友達や先生に見てもらうとよいでしょう．区切りというのは，たとえば，仮説を立てた段階，仮説の検証方法を決めた段階（アンケートの質問紙をつくった段階），分析の計画を立てたときなどです．

　もし，仮説を立てた段階で，理論と仮説をまとめたペーパーを先生に見てもらっていれば，要因1の理論の誤りは避けられるはずです．

　また，仮説の検証方法を決めた段階で，フィールドワークがいいのか，質問紙法がいいのか，どこで，いつ行うのか，検証する方法を決めた段階で先生に見てもらえば，要因2の誤りも防げます．

　要因3に関しては，ある意味交通事故のような突発的な側面もあります．ちゃんとやってくれるだろうと思っても，期待通りでないことはよくありますので，要因3に関しては，レポートを課した先生とよく相談してまとめるとよいでしょう．

　ルイ・パスツールの言葉に「偶然は準備した者に微笑む」という言葉があります．こつこつと資料を集め，分類し，まとめていくときに，偶然いいアイデアが浮かぶこともあるかもしれません．何かいいアイデアが浮かばないかな，誰か教えてくれないかな，と思っている限り，よいレポートも論文も書けないでしょう．

5

結 果 の 分 析

結果の表現技法
― テキストデータ

　観察データであろうと，記述データであろうと数値データであろうと，文字や数字を見つめていても，なかなかまとまりません．データは，大きく分けて，テキストデータと数値データに分けられます．どちらも，結果を視覚的に表現したほうが，初学者にとって考察しやすくなりますし，伝えやすくなります．テキストデータから価値ある情報を発掘(mining)することを，テキストマイニングといいます．

　テキストデータは，まず，キーワードをマップにして，集めたテキストデータの傾向を見ます．たとえば「携帯電話・インターネットについて問題と考えていることはなんですか？」というアンケートをとり，テキストデータで下表のようなデータを集めたとします．

　最終的にレポートにまとめるときには，有害サイトへの危惧20件，依存

表　テキストデータ

ネットは，ついつい長時間やり過ぎてしまう.
個人情報の流出．携帯依存症．周囲とのコミュニケーションが減る．視力が低下する．悪質な勧誘がのっている．犯罪の手口となる危険がある.
私にとっての問題は，携帯依存かなと思います．時間を忘れて使用を続けてしまうことがよくあるので.
心ない人の書き込みによって傷つく人がいる．いじめまではいかないけど，特定の人に対して嫌がらせをすること.
知らない人からなりすましメールやパソコンのURL付きの変なメールが頻繁にくるようになり，携帯の存在が嫌になり料金も気になる.
いじめや悪用に使用する人が増加していること.
手軽なため依存しやすい.
迷惑メールがたくさんくる．変なサイトにアクセスしやすい.
有害情報やネットいじめは勿論のことですが，やはり一人一人パソコンの正しい知識をもたなくてはいけないと考える.
出会い系，ネット詐欺など.

症15件，迷惑メールへの危惧13件，などのように，あげられた問題点を集約して表記することが多いでしょう．手作業で，正の字をつけつつ数えていってもできるでしょうが，先に傾向をつかみ問題点の方向を絞ったほうが効率的です．図のようなキーワードマップをつくるのです．図は，エクセルのアドインソフト「トレンドサーチ」を利用しています．テキストデータを分析するソフトウェアは，「テキストマイニング」をキーワード検索すれば，いくつか出てきます．自分が使いやすいと思うものを利用すればよいでしょう．

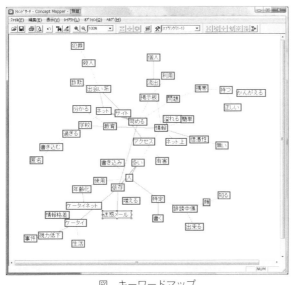

図　キーワードマップ

　数値データをビジュアル化したい場合には，グラフにします．しかし，賛成の人が20人，反対の人が10人いました．などのように，数値を見れば，すぐに大小比較できるような数値はグラフにする必要はありません．文章中で数値（％表示）を示せばよいからです．ではどんな場合にグラフ化したらよいのか，詳細は「結果の表現技法—連続する数値データ（p.64）」，「分析の基礎（pp.66-71）」の項を参考にしてください．

ポイント

　数値データだけでなくテキストデータもビジュアル化する．

結果の表現技法
― 観察データ

　参与観察のうち，起きていることをすべて速記のように書き留める方法を
とった場合，観察空間で起きている会話を中心に書き留めることになるで
しょう．たとえば，小学校の算数の授業を観察したとします．

　　先生　　：今日は図形の面積の３回目ですね．

　　　　　　　（先生は図を書き始める．）

　　　　　　　昨日，長方形の面積の公式をやりま

　　　　　　　したね．今日は，このような花壇の

　　　　　　　面積を求めてみましょう．

　　児童１：えー，変な形．

　　児童２：欠けているところも花壇にしてしまえば，昨日のようなきれいな

　　　　　　　長方形になるのに．

　　先生　　：そうだね．花壇にしてしまうことはできないけど，いいことに気

　　　　　　　づきましたね．

このように先生と児童らの会話と行動記録が書き留められることになるでし
ょう．書き留めた後は，カテゴリーごとに分類します．分類カテゴリーとし
ては，Flanders(1970)の分類カテゴリーが有名です．もともと授業分析用に
作成された分類カテゴリーですが，授業形式によって，若干分類カテゴリー
を変更する必要があるでしょう．小学校の授業で，講義形式による授業を想
定した場合には，下記のようなカテゴリーになります．

　Flanders の授業分析方法では，会話を３秒ごとに区切り，番号を振るよ
うに指示されていますが，３秒で区切っては意味をなさない場合が少なくあ
りません．一つの意味のまとまりごとに番号を振り，10秒以上など長い場
合のみ秒数を記録していくとよいでしょう．たとえば分類された番号が生じ
た頻度を記録する場合など，30秒沈黙が続いたならば，11番が３回などと

表　Flanders（1970）を参考にした分類カテゴリー

教師発言	間接的影響	応　答	1．感情を受け入れる
			2．褒める，あるいは励ます
			3．相手を受け入れる
	直接的影響	質　問	4．質問する
		自　発	5．説明する
			6．指示を与える
			7．批判する
児童発言		応　答	8．受け入れる
		質　問	9．質問する
		自　発	10．自発的発言
沈　黙			11．沈黙する

いう記録になります．

　児童対教師の発言比率であれば，

教師の発言：児童の発言＝$(1+2+3+4+5+7):(8+9+10)$

なので，$\dfrac{(8+9+10)}{(1+2+3+4+5+7)+(8+9+10)}$となります．

　児童対教師の発言と児童同士の発言比率を求めたいならば，

$$\dfrac{児童の発言の次が児童であった頻度}{児童の発言の次が教師であった頻度}$$

を計算すればよいでしょう．

　このように，観察記録も数量化することにより，授業の構造を比較することができます．もちろん，数量化することにより，そぎ落とされてしまう要素があることも否定できません．数量化を嫌う先生もいるかもしれません．しかし，観察記録を半日見つめていても，全く手につかないならば，カテゴリー化し数量化するなど，何か手を使いながら（書いたり数えたりしながら）思考を進めるとよいでしょう．カテゴリー化して数量化したからといって，それをどうしてもレポートに盛り込まなければいけないというわけではないのです．枚数が限られていて数量化は不要と思えば，後で削除すればよいのです．思考を進める糸口をつかむ契機にはなるでしょう．

結果の表現技法
― 連続する数値データ

　連続する数値データには，時間，温度，テスト得点，年齢，量，速度，長さ，重さなどがあります．たとえば，表1に示すような，1分間に入力できる文字数と，パソコンを利用しはじめた年齢に関するデータがあったとします．どちらも連続するデータです．

　まず，このデータはどんな分布にあるのでしょうか？　分布の様子を見るためには，ヒストグラムを作成してみます．エクセル2007の場合であれば，「データ」→「データ分析」→「ヒストグラム」で作成できます．詳細は，利用するソフトウェアのヘルプに「ヒストグラム」と入力すると操作方法が表示されます．

　パソコンを利用しはじめた年齢を，ヒストグラムに表してみますと，10歳以下の利用は3名しかいないが，16歳以上は24名おり，16歳以降にパソコン

表1　1分間に入力できる文字数と，パソコンを利用しはじめた年齢

文字数	パソコン利用開始年齢	文字数	パソコン利用開始年齢
78	15	79	13
33	18	30	19
99	13	52	16
35	18	60	15
33	19	73	14
77	15	83	13
48	17	71	15
40	16	72	16
33	19	117	10
45	17	58	16
27	19	47	17
58	16	54	16
46	17	48	18
70	15	50	17
38	18	38	18
51	16	48	16
19	19	40	16
115	8	173	8
75	12		

表2　パソコンを利用しはじめた年齢

年　齢	人　数
～10	3
11～15	10
16～20	24

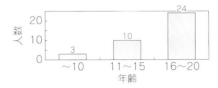

図1　パソコンを利用しはじめた年齢

を利用しはじめた人が多い．ということがこのグラフから読み取れますね．

　練習問題｜文字数の方の分布をヒストグラムに表してみよう．

分布がわかれば，次に，二つのデータの間に何か関連があるかどうか知りたくなりますね．ケースバイケースなので詳細はデータ分析の項を見てください．今回のデータの場合，ピアソンの相関係数を求めると -0.93537 となり，負の相関がみられます．

（エクセルの場合，前ページのデータを1列目2列目の一番上から入力したとしますと「=CORREL（A2:A38,B2:B38）」と新しいセルに入力して Enter キーを押すと求められます．）

　この場合，高い相関がみられますので，散布図を書くと下記のようになり，図からも負の相関があることが一目でわかります．このような散布図も結果にまとめるとよいでしょう．

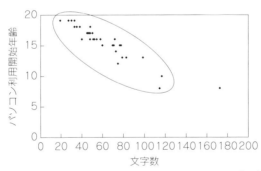

図2　1分間の入力文字数とパソコンを利用しはじめた年齢の散布図

┌─────────┐
│ ポイント │
└─────────┘

　データの差や関連は，視覚的に訴える図で示すと伝わりやすい．

分析の基礎
―ロー・データ

　実験や調査を行ったときに，測定値やさまざまなデータを収集します．そのデータはロー・データ(raw data)とよばれています．ロー・データを手にすると，質問1ではいと答えた人は何人，いいえの人は何人と，すぐ集計をはじめる学生がいます．集計値を表計算ソフトに入力すれば，円グラフや棒グラフなど度数分布を描くことはできますが，相関を求めたり，質問項目同士の関連を見ることができなくなってしまいます．よって，ローデータは，汎用性の高い方法でまとめる必要があります．

　まず，ロー・データを入手したら，一人一人の情報を一列に入力します．そのとき，数値化できるものは，すべて数値化して入力するとよいでしょう．たとえば，

○　ペットを飼っていますか？

　　　いいえ──→1　　　はい──→2，

○　どんな動物をペットにしたいですか？

　　　ネコ──→1　　イヌ──→2　　　うさぎ──→3　　　とら──→4

表　入力例

	ペットを飼っているか	どんな動物をペットにしたいか
浅　野	2	1
石　橋	1	3
上　野	1	1
江　原	2	2
小　野	2	2
河　合	1	1
木　村	2	4
久　野	1	1

　表のように，横1列に，1人分のデータを入力します．あるいは，日にちごとのデータ分析をする場合は，1日分を横1列に入力します．

分析の基礎
― 度数分布表

　特定の値あるいは特定の範囲を示す測定値の個数をその値の度数 (frequency)といいます．度数の分布を表した表のことを度数分布表といいます．棒グラフやヒストグラムなどの図に表し，視覚的にわかりやすく表現します．下記に，総務省統計局の資料より，15～64歳の完全失業者数[1](筆者加工済み)の度数分布表とその棒グラフを示しました．

表　完全失業者数(15～64歳)

年度(平成)	完全失業者数	年度(平成)	完全失業者数
元年	140	11年	306
2年	131	12年	308
3年	133	13年	327
4年	137	14年	348
5年	161	15年	338
6年	187	16年	304
7年	204	17年	284
8年	219	18年	264
9年	224	19年	246
10年	269	20年	253

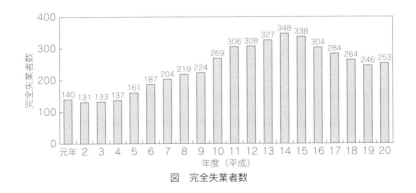

図　完全失業者数

ポイント

　棒グラフには，必ず数値(データラベル)を表示する．

分析の基礎
― 折れ線グラフ

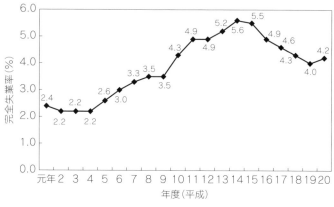

図1　完全失業率1

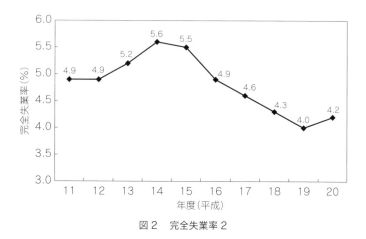

図2　完全失業率2

[前ページの]　総務省統計局：年齢階級（10歳階級）別完全失業者数および完全失業率
http://www.stat.go.jp/data/roudou/longtime/03roudou.htm#hyo_1

　折れ線グラフは，おもにデータの変化を見たいときに用います．気温の変化，量や長さの変化……完全失業率の変化などを表すときにも利用できます．前項目にも示した15〜64歳の完全失業率を折れ線グラフに表してみましょう．二つ示しますので，見比べてみてください．

　二つの図を見て，どんなことに気がつきましたか？　それぞれ読み取れることを言ってみてください．

　完全失業率1のグラフでは，完全失業率が増加してきているようにみえますね．完全失業率2のグラフを見ると，完全失業率が減少してきているように見えます．どちらかがうそのデータを示しているのでしょうか．いいえ，どちらも正しいグラフです．二つのグラフの違いは，軸の目盛りの間隔が違うことと，表しているはじまりの年次が違いますね．ただ，それだけの違いだけなのです．

　棒グラフや折れ線グラフなどは，分布の様相を直感的に理解するうえでは有効ですが，描き方によっては，大きな差はないのに大きな差があるように見せたり，本当は大きな差があるのに差がないように見せることができるという点で正確さに欠けます．営業マンが，これだけこの商品は毎月売上げが伸びていますなどと，伸びていることを示したいときなどに，目盛り幅を細かくとって，営業トーク用の資料作成に利用されることもよくあります．直感的に騙されないようになるためには，いろいろなグラフを自分で描いてみるとよいでしょう．目盛りの取り方によって，差があるようにも差がないようにもみせかけることができることが，すぐにわかるはずです．

　棒グラフや折れ線グラフなどは，分布の様相を直感的に理解するうえでは有効だが，表現内容には十分吟味が必要.

ポイント

5 結果の分析

69

分析の基礎
― クロス集計表

　クロス集計表とは，2種類の基軸(質問項目など)のデータを一つにまとめた集計表のことをいいます．クロス集計表は，一つの基軸に対し，もう一つの基軸がどういった反応がみられるのかを表したいときに用います．

　たとえば，1組2組の男女の人数，などを表したいときなどに用います．

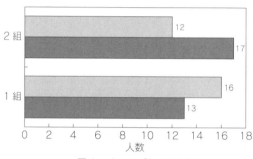

図1　クラスごとの男女数

■男 □女

表1　クラスごとの男女数

	男	女
1組	13	16
2組	17	12

　では，実際のデータでもう一つ例を示しましょう．

　下記は，文部科学省：平成21年度全国学力・学習状況調査の結果[1]から，テスト得点(国語 A，国語 B，数学 A，数学 B)と朝食を食べている度合いを一つにまとめた表と，そのグラフです．

表2　朝食を毎日食べていますか×テスト得点

朝食を毎日食べていますか	国語 A	国語 B	数学 A	数学 B
食べている	79.1	77.1	65.8	60.1
どちらかといえば食べている	72.5	68.7	55.5	49.3
あまり食べていない	67.5	62.1	49.5	42.9
全く食べていない	65.0	58.2	46.8	40.3

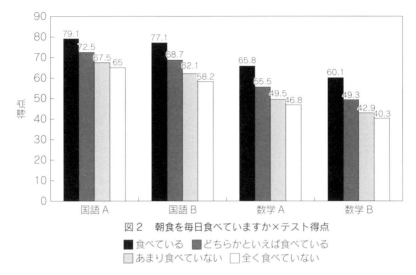

図 2 　朝食を毎日食べていますか×テスト得点

■ 食べている　■ どちらかといえば食べている
□ あまり食べていない　□ 全く食べていない

　このクロス集計表からは，朝食を食べている人は，国語 A，国語 B，算
数 A，算数 B いずれのテスト得点も点数がもっとも高いことがわかります．
朝食を食べている度合いが減るごとに，国語 A，国語 B，算数 A，算
数 B いずれのテスト得点も，低下していきます．このことから，教科や問
題内容にかかわらず，テスト得点の高い人ほど，朝食を食べていることがわ
かります．

---

[1]　文部科学省：平成21年度全国学力・学習状況調査
http://www.nier.go.jp/09chousakekka/index.htm
国語 A：漢字の読み書きなど基礎的な国語の問題．
国語 B：文章読解を中心とした応用的な国語の問題．
算数 A：計算問題を中心とした基礎的な算数の問題．
算数 B：文章題を中心とした応用的な算数の問題．

仮説検定とは

　p.69に，棒グラフや折れ線グラフなどは，描き方によって差があるようにも差がないようにも描くことができる点を指摘しました．ある人は，差があると言い張り，別の人は差がないと言い張ったのでは，らちがあきません．そこで，統計的に，これくらいならば差がないとしよう，これくらいならば差があるとしようと決めたルールが仮説検定のはじまりです．

　仮説検定の基本的な考え方としては，帰無仮説，つまり，はじめに二つあるいは複数のグループに差がないと仮定します．差がない確率が低ければ，帰無仮説は棄却され差があることになり，差がない確率が高ければ，帰無仮定は棄却されず，差がないという結果になります．

　仮説検定に使える統計的方法は，よく知られている t 検定(p.76)や分散分析のほか，たくさんの種類があります．どれでも使っていいというわけではなく，データの種類によって使える分析手法が異なります．大部分の分析では，データが正規分布であることを前提としています．正規分布とは，データの個数が左右対称の呼び鈴のようなかたちの分布になることをいいます．

　図1のような，左右均等な正規分布に，どのデータもなるわけではありません．むしろまれと言っていいでしょう．そこで，実際は，正規分布になる

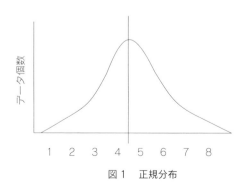

図1　正規分布

であろうと見なされるかたちであればよいとされています．つまり，無限に
データを増やしていけば，完成型の正規分布になると判断できるＪ字形，
Ｌ字形とよばれる一山分布の形状ならばよいのです（図２）．

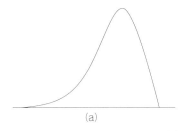 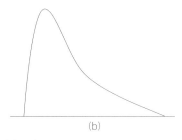

図２　(a) Ｊ字形　　(b) Ｌ字形

　一方，無限にデータを追加しても，正規分布に近づかないと仮定されるデ
ータは，大部分の検定では使えません．双峰形，矩形形などが，その典型例
です（図３）．

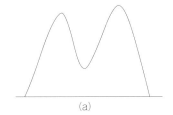 

図３　(a) 双峰形　　(b) 矩形形

┌─────────┐
│ ポイント │
└─────────┘

　統計的な分析方法を考える前に，必ずデータの外形が正規分布に従うか否か
チェックしてからはじめる．

基本データと記載方法

データはおもに４種類に分けられます．

● 数値データ（比率尺度）

０からはじまる量や大きさ，長さ，高さ，距離，テストの得点などを表す数値データ．

● 間隔尺度データ

個々の値の間に等間隔が保証されている尺度です．

たとえば理解度を12345の段階で表した場合などのように，１と２の間と，２と３の間など，等間隔性が保証されている尺度で収集されたデータのことを指します．

● 順位尺度データ

個々の値の間に等間隔が保証されていない尺度です．たとえばリレーで，１秒遅くても，２番目にゴールインすれば２位ですが，３週遅れでゴールインしたとしても，２位の人の後に誰もゴールインしていなければ３位となります．つまり，何位であるかどうかに等間隔性は必要ないわけです．しかし，後先の順序は意味をもつデータです．

● 名義尺度データ

間隔の概念も大きさや順位も問われない属性や性質などを表すデータです．性別を，男を１，女を２に置き換えた場合などがそれにあたります．カテゴリーデータともよばれます．

● データの個数

Nで表します．　　　例）　$N=35$

● 平　均　値

$\overline{X}$で表します．　　　例）　$\overline{X}=35$

データが正規分布に見なせない場合は，平均値は利用できません．また，名

義尺度データも平均は求められません．男を１，女を２にしたとき，平均が1.5でしたといっても，意味はなしませんので，平均は求められません．

● 標準偏差

標準偏差とは，平均からどの程度データの散らばりがあるかを表す統計量でSDで表します．　　例）　$SD = 35$

標準偏差を２乗すると分散になります．

平均±標準偏差の範囲に，全データのおよそ68％が収まっています．ちなみに，平均±標準偏差の地点は，データのカーブの形状が変わる部分で，変曲点とよばれています．

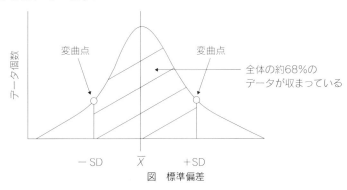

図　標準偏差

● は ず れ 値

ほかのデータと極端にはずれた値のデータをはずれ値といいます．はずれ値があるときには，その値を含む行全体のデータを取り除いてから平均や標準偏差などを求める必要があります．ある分析では５行目の人を含み，ある部分では省いたのでは，整合性がとれなくなりますので，はずれ値を含むデータ全体を省く必要があるのです．

国語，数学，情報，のテストを実施した場合の人数 N，平均 $\bar{X}$，標準偏差 SD は右表のようになります．

表　レポート・論文内での表記例

	国　語	数　学	情　報
N	20	20	19
$\bar{X}$	68	72	81
SD	7.469	5.629	9.129

発 展
t 検 定

　データが t 分布に従う検定のことを t 検定とよんでいます．分布表や分析方法，計算式の詳細は，巻末の参考文献[2]～[5]を参照してください．エクセルの場合は，「データ」タブの「データ分析」で，下記に示すような3種類の t 検定が行えます．

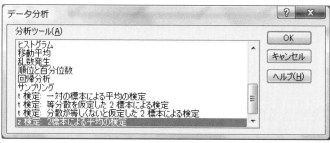

図　エクセルのデータ分析

　エクセルの，「t 検定：一対の標本による平均の検定」というのは，同じ標本に対し，時期をずらし2回測定した場合などがあてはまります．たとえば，あるテストを4月と6月に2回繰り返したとします．検定を行うと，表

表1　t 検定の結果

	変数 1	変数 2
平　均	68	72
分　散	55.78947	31.68421
観測数	20	20
ピアソン相関	0.858762	
仮説平均との差異	0	
自由度	19	
t	4.57881	
$P(T \leqq t)$ 両側	0.000205	
t 境界値 両側	2.093024	

両側検定＝棄却域を両側に設けた検定，片側検定＝片側だけに設けた検定

1のような結果が得られます.

　なお，論文・レポートの検定結果記載の折には，0.1は「.1」，0.01は「.01」などのように，小数点左のゼロは省いて表記することが多くあります.

　t分布表を用いる場合は，分布表の自由度$df = 19$の列を見ます. $t = 4.58$は2.85をはるかに超えます. したがって，4.58の出現確率は，$p < .005$となります.

　次に，有意性を判定します. もともと「差がない」と仮定したところ，差がない確率が小さいということは，「差がない」という仮定は棄却されるわけですから，$t = 4.58$は有意であるということになります.

　下記に有意性の判断基準を示します. これはt検定に限らず，ほかの分析でもあてはまります.

5

結
果
の
分
析

表2　有意性の判断基準

出現確率	有意水準(%)	記載上の表現
$p > .10$	-	有意でない(N.S.)
$.05 < p < .10$	-	有意傾向である
$p < .05$	5	5%水準で有意である
$p < .01$	1	1%水準で有意である

N.S.=not significantの意

● 　レポート内での表記方法

　論文やレポート内では，$p < .005$の表記はあまり用いられません. $p < .005$の場合も，$p < .01$という表記をします.

　「国語と数学の平均および標準偏差は表1に示した. t検定（両側検定）の結果，平均の差は有意であった（$t(19) = 4.58$, $p < .01$）. したがって，数学のテスト得点は，国語のテスト得点より高かったといえる.」

　もし仮に$t = 1.25$であった場合は，t分布表で1.33を超えませんので，$p > .10$となります. 有意ではありませんので，「……有意でなかった(N.S.)」という表記になります.

発 展

分 散 分 析

　分散分析も t 検定同様，平均の有意差検定です．t 検定では 2 変数の平均しか比べることができませんでしたが，分散分析では，3 変数以上の分散が比較できます．ANOVA（ analysis of variance）とよばれることもあります．

　分散分析も，エクセルの「データ」タブの「データ分析」で，「一元配置」「繰り返しのある二元配置」「繰り返しのない二元配置」の 3 種類を計算することができます．

　一元配置分散分析とは，たとえば，表 1 のように 3 科目のテスト得点のようなデータのことを指します．表 1 のデータについて一元配置の分散分析をやってみますと，表 2，3 に示す結果が得られます．

表 1　一元配置分散分析

情　報	数　学	国　語
66	62	48
66	62	58
71	62	64
71	71	65
71	72	66
81	72	67

表 2　概　要

グループ	標本数	合　計	平　均	分　散
情　報	6	426	71	30
数　学	6	401	66.833 33	28.166 666 67
国　語	6	368	61.333 33	52.666 666 67

表 3　分散分析表

変動要因	変　動	自由度	分　散	観測された分散比	P 値	F 境界値
グループ間	282.1111	2	141.0556	3.818 045 113	0.045 675	3.682 32
グループ内	554.1667	15	36.944 44			
合　計	836.2778	17				

78

「繰り返しのない二元配置」とは，上記に1組2組などのクラスごとの要因が加わった場合を指します．

表 4　繰り返しのない二元配達

情　　報		数　　学		国　　語	
1組	2組	1組	2組	1組	2組
66	46	62	77	48	55
66	56	62	58	58	68
71	33	62	65	64	70
71	82	71	70	65	57
71	85	72	82	66	65
81	32	72	75	67	77

さらに，「繰り返しのある二元配置」とは，中間テスト–期末テスト，1学期–2学期など，同じ母集団に対し，繰り返しのあるデータが含まれる場合を指します．

● レポート内での表記方法

表 5　情報・数学・国語の平均と標準偏差

	情　　報	数　　学	国　　語
N	6	6	6
$\overline{X}$	71	66.833 33	61.333 33
SD	5.477 226	5.307 228	7.257 18

平均と標準偏差は，表5に示した．分散分析を行った結果，情報・数学・国語のテスト得点の差は，有意であった（$F(2,15) = 3.68$, $p < .05$）．平均をみると，情報のテスト得点がもっとも高く，国語のテスト得点がもっとも低いことがわかる．

ポイント

・ 平均と標準偏差の表は必ず必要．
・ 「繰り返しがある」とは，同一母集団に対して，何度か測定した場合．
・ 「二元配置」は，「2要因」といわれることもある．「科目」と「クラス」とか，「カロリー」と「運動量」などのような，異なる要因について，測定したい場合が該当する．

発展

相 関 係 数

相関係数とは，変数間の相関の強さと方向を表す統計量のことです．一般に，ピアソンの積率相関係数（Pearson product-moment correlation coefficient）が用いられます．

相関係数を表す記号は，r または R を用い，$r = 0.86$ などと表現されます．相関の強さの判定は経験的で，条件や内容などによっても適切性に若干のずれもありますが，以下の規準が標準的に用いられています．

● 相関の判定基準

$0.7 < |r| \leqq 1$ 　　　強い相関がある

$0.4 < |r| \leqq 0.7$ 　　中程度の相関がある

$0.2 < |r| \leqq 0.4$ 　　弱い相関がある

$0 < |r| \leqq 0.2$ 　　　ほとんど相関がない

相関がみられた場合には，視覚的に表すために散布図がよく使われます．

正の相関がある場合に，図1に示すような散布図になります．

負の相関がある場合に，図2に示すような散布図になります．

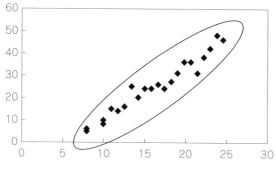

図1　散布図（正の相関がある場合）

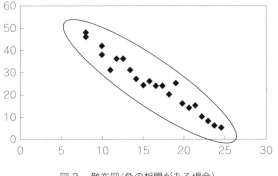

図 2　散布図（負の相関がある場合）

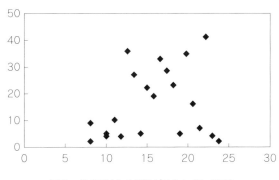

図 3　散布図（全く相関がみられない場合）

　エクセルで相関係数を求める場合は，$f(x) = $CORREL（1 列目のデータの
はじめ：1 列目のデータの終わり，2 列目のデータのはじめ：2 列目のデー
タの終わり），と入力すると求められます．たとえば，B 列 C 列の相関を求
めたい場合は，$f(x) = $CORREL（B2:B23,C2:C23）となります．

　文章中では，「身長と体重のデータには，高い相関がみられた（$r = 0.86$）．」
などと表記します．

χ^2 検 定

　検定統計量が，χ^2分布に従う検定のことをχ^2検定とよんでいます．おもに，名義尺度データについて検定を行うときに用いられます．平均や標準偏差が求められないデータの場合です．判断の仕方としては，足し算ができるかどうかで判断すると簡単です．今の場合，「はい」+「いいえ」などを計算しても意味をなさないので名義尺度です．

　たとえば，下記のような質問紙のデータが該当し，結果が下表のようになったとします．

1．携帯電話の履歴を親に見せたことはありますか？
　　はい　　いいえ
2．ケータイ・ポートフォリオを1ヶ月間続けることによって，携帯電話の料金に気をつけるようになりましたか？
　　なった　　ならなかった

表　親への携帯電話履歴の提示×携帯電話の料金への注意のクロス集計表

		携帯電話の履歴を親に見せたことはありますか？		合計
		いいえ	はい	
携帯電話の料金に気をつけるようになりましたか？	なった	35	13	20
	ならなかった	15	37	25
合計		50	50	100

　この結果は，セル間に有意な差があるといえるのでしょうか？　この疑問に答える統計分析の一つがχ^2検定です．ピアソンのχ^2検定を行うと，χの値が19.39102564，有意確率が0.0000106506という値が計算されます．この場合，差がないという仮説が成り立つ確率がとても低いので，有意な差が見

出された，ということになります．

　この場合，自由度$(N = n - 1)$は1になるので，表現の仕方としては，
「χ^2検定の結果，項目間に有意な人数差が見出された$(\chi^2(1) = 19.39, p < .01)$．
下図を見ると，「携帯電話の履歴を親に見せたことはありますか？」という質
問に「はい」と答えている人50人中37人が，「ケータイ・ポートフォリオ
を1ヶ月間続けることによって，携帯電話の料金に気をつけるようになりま
したか？」という質問に対して，気をつけるようになったと回答している．
逆に，「いいえ」と答えた人50人中35名が気をつけるようにならなかったと答
えている．このことから，親に携帯電話の履歴を見せたことがある人ほど，
ケータイ・ポートフォリオを継続することにより，料金に気をつけるように
なる傾向にあることがわかった．」などとまとめます．

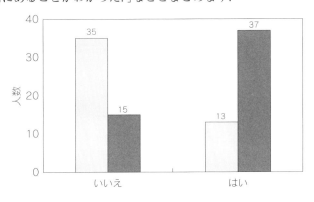

図　親への携帯電話履歴の提示×携帯電話の料金への注意

　ただし，サンプル数とその期待値に注意する必要があります．コクラン・
ルールによれば，サンプル数は，20以下は不可，40以上が望ましいとされて
います．また期待値は，表のマス目のうち20％以上で期待値が5未満のマス
があると不可とされています．2×2の表では1マスが25％であるため，期待
値が5未満のマスがあれば不可となります．その場合は，フィッシャーの直
接確率検定(Fisher exact test，正確二確率検定)等を行うとよいでしょう．
あるいは，他のカテゴリーと合算するか削除するなどの対処もあります．

SP 表

SP 表とは佐藤(1998)[1]によって提唱された，個々の問題に対する正誤情報から，生徒一人一人のつまずきの傾向や，学習課題を見つけ，個に応じた指導を行うための手がかりを見つける分析表のことです．正確には，SP 表分析法 (student-problem score table analysis)と命名されています．どの問題の正答率が低く，どの問題の正答率が高いのか，＊＊という生徒はどういった問題を苦手とするのか，一目でわかる表に表すことができ，おもに教育関連のレポートや論文を書くときによく利用されます．

SP 表の作成方法は，まず，問題を易しい問題から難しい問題へ並べ，次に生徒を高得点の生徒から低得点の生徒へ並べます．

次に，個々の生徒について，表の左からそれぞれの生徒の点数(正答の数)だけマス目を数えたところに区切り線を入れます．そして，この区切り線を結びます．これが S 曲線(実線)となります．

また，個々の問題について，上から順に，正答問題数のマス目を数えたところに区切り線を入れます．そして，この区切り線を結びます．これが P 曲線(点線)となります．

SP 表を用いた文献は数多くあり，SP 表が用いられている事例の対象は，小学校の児童から中学生，高校生，大学生までさまざまです．巻末の参考文献[4]でいくつか紹介します．

表 SP 表の例

問題\名前	1 易しい←	2	3	4	5	6	7	8	9	10 →難しい	合計得点
浅野 高得点	1	1	1	1	1	1	1	1	1	1	10
石橋	1	1	1	1	1	1	1	1	1	0	9
上野	1	1	1	1	1	1	1	1	0	0	8
江原	1	1	1	1	1	1	0	1	0	0	7
小野	1	1	1	0	1	1	1	0	0	0	6
河合	1	1	1	1	1	0	0	0	0	0	5
木村	1	1	1	1	0	0	0	0	0	0	4
久野	1	1	1	0	0	0	0	0	0	0	3
・	1	1	0	0	0	0	0	0	0	0	2
・ 低得点	1	0	0	0	0	0	0	0	0	0	1
正答人数	10	9	8	6	6	5	4	4	2	1	

---

[1] 佐藤隆博，コンピュータ処理による S-P 表分析の活用法—学習指導の個別対応のために，明治図書出版, 1988.

6

レポートを書きはじめよう

書くこと

ハワード・S・ベッカーは，著書『論文の技法』(佐野俊行 訳，講談社，1996，pp.303-304)のなかで，【どんなことでも何か……手紙，日誌，メモ……を書くということが，文書作成から神秘性と危険性を取り除いてくれることでしょう．私は，たくさん手紙を書きます．私はまた，自分自身に対して，そしてまた仕事を一緒にしたり，興味を共有していたりする人たちに対して，メモを書きます．私は，こうしたランダムで検閲がめったにされない書き物を，半分しか述べられていなくても，興味深いものになりそうなアイデアのために，そして，もっと真剣にことを始めるために，よく見るのです．(下線は筆者)】と述べています．

　この引用で，皆さんに一番伝えたいことは，下線部分，つまり，どんなことでも何かを書くということと，見るということです．なぜこの引用を，「レポートを書きはじめよう」のはじめの節にもってきたのかといいますと，取りかかるのにきわめて時間がかかる学生を時々見かけるからです．たとえば，レポート提出までに1ヶ月程度のゆとりをもって課題を出しても，提出の1週間前になって，「何から書いていいのかわからない」と言ってくるのです．そして，手順を説明すると，とても1週間では無理といいます．当然でしょう．文字を入力するだけならば半日で書けてしまう量であっても，1ヶ月かけて考えて書くべきところを1週間では無理でしょう．

　私は，つい先頃まで，まだ時間があるからいいやと，3週間ほったらかしにしていて，来週提出だと思うと焦りはじめるだけなのだろうと思っていました．3週間なまけていたのだから，1週間大変な思いをするのも仕方がないだろうと考えていました．実際そういう学生もいます．そういう学生は自業自得だと思っていますから，期限までに何とか仕上げてきます．

　しかし，そうでない人も最近いることに気がつきました．話をしてみると，1ヶ月前に課題を出されたときから，一生懸命考えていたというので

す．考えていたのならば，考えたところまでを見せてもらおうとすると，一言も書き始めることができていないのです．

　ハワード・S・ベッカーのように，普段から，手紙でもメモ書きでも何でもいいから書く習慣が付いていれば，書くことに対するハードルが低くなり，考えを書いてまとめることもたやすくなるでしょう．しかし，1ヶ月後に提出が迫っている場合には，この方法では即効性がありません．手帳に書いていっても，ほかの行事のメモとごっちゃになり，「見ること」が煩雑になります．

　即効性がある方法として，学習履歴図を書くことをすすめています．学習履歴図は，学んだことや行動したこと（メモ書き，□の中に表記）と，そのときの自分の気持ち（○の中に表記）を時系列に書き留めていく方法です．気分がマイナスのときは，マイナス方向（この場合は下），気分がプラスのときはプラス方向（この場合は上）に書いていきます．

図　学習履歴図の例

　学習履歴図を書きつつレポート作成を進め，時々，自分のプロセスを振り返るのです．机の前に座ってほんやり考えていたのならば正直にそう書きます．何日も続くようであれば，これはいけない，図書館に行くなり，対象を観察に行くなり，何か行動せねば，と自分で思い立つはずです．

　ポイント

　まずは，提出期限までのスケジューリングからはじめましょう（章末のワークシート参照）．

構成の仕方

　その後の構成を問わず，はじめに序文がきます．序文には，なぜそのテーマを選んだのかの動機にあたる内容がはじめにきます．「はじめに」と書く場合もあれば，「問題の所在」と書く場合もあります．まさに問題の所在を書くのです．問題意識，問題設定，理論の枠組み，概念などなど，書き始めたらきりがありません．しかし，本書の読者は，形而上学的な概念研究を目指しているわけではありませんので，「問題の所在」が明確になっていれば，それ以上長く書く必要はないでしょう．

　次にくるのは「背景」です．背景として，テーマについてこれまでどんな研究がなされ，どんなことがわかっているのか，調べた文献について書きます．

　「事柄 A については文献 B から＊＊という結果が得られている．事柄 C については文献 D から○○という結果が得られている．しかし，事柄 E については，まだ明らかにされていない．それゆえ，本稿では事柄 E について焦点を当てて考察する．」などと，背景を書き進むなかで，最後にまだ明らかにされていないことを述べます．その後にくるのが「本稿の目的」です．

　その後の書き進め方は，「書評型」「実験型」「フィールドワーク型」によって異なります．「書評型」であれば，「序文」の後にくるのが「本論」です．その後にくるのが「結論」です．

　一方，「実験型」「フィールドワーク型」であれば，「目的」の次にリサーチデザインに関する記述が必要不可欠です．どんな方法で実験をするのか，どんな調査を行うのか，対象は誰で何名にどんなアンケートをとるのか，どこへフィールドワークに出かけ，どれくらいの期間行うのか，などなど調査方法を説明しなければいけません．表題としては，「研究の方法」「調査方法」「手

続き」「方法」などと題されることが多いでしょう.

　方法の次にくるのが「結果」です. グラフ等を挿入した場合は, 必ずそのグラフから何が読み取れるのかを記載します. グラフから読み取れることは考察ではなく「結果」に書きます.

　結果の次は「考察」です. 「背景」などで引用した調査結果と比較した考察を書きます.

例) 　「ネットいじめ(山形, 2009)」[1]では, 70％の学生がネットいじめを受けた経験があると回答していたが, Y大学学生およびY県内専門学校学生への調査では, 20％の学生しかネットいじめを受けたと回答していなかった. その要因は, インターネットの利用時間が……であった点に起因していたのではないかと考えられる.

〈参考・引用文献〉

　[1]　山形太郎(2009), ネットいじめ：○○会誌, p.16.

　考察の後は, 今後の課題などをまとめ, 謝辞や参考・引用文献が続きます. レポートや論文の構成は, 絶対という方法があるわけではありません. 同じ人であっても, 書く内容によって異なります.

構　成　例

1. 問題の所在
2. 背　景
3. 研究の目的
4. 調査方法
5. 結　果
6. 考　察
7. 今後の課題
8. 謝　辞
9. 引用文献・参考文献・付録・注

本文の書き方
― 事実を書く

　とても当たり前のことですが，事実を書く必要があります．では，事実と
はいったい何でしょうか．大きく三つに分けられます．一つは，万有引力や
慣性の法則などのような，自然の摂理に基づく事実があります．

　二つ目として，実際に実験を行い，そのとき特定の条件下で得られた結果
を忠実に記すという事実があります．たとえば，記憶の限界がテーマであれ
ば，ランダムな数列の桁数を順に上げていき，何桁以上になると記憶不可能
になるのかなどの実験を行い，実験で得られた結果がそれにあたります．こ
の場合は，ほかの人が同一条件下で同様の実験を行えば，ほぼ一致する結果
が得られるという客観性が求められます．そのため，再現するために必要な
条件をすべて詳細に定義する必要があります．

　三つ目としては，自分が実験をして確かめたわけではないが，辞典に掲載
されているとか，専門家が述べた，あるいは専門書に書いてあったなど，何
らかの間接的証拠に基づく事実があります．この場合，誰が述べたのか，ど
の文献に書いてあったのか正確に引用先を記す必要があります．

　もちろん，その日起きた事実を忠実に書いても，それは特別な出来事だっ
たかもしれませんし，周りの環境によって，事実が変化することもあります
し，間違ってはいないけれど，一面しか記述していない事実もあります．し
かし，書くときには，できる限り普遍的な証拠に基づいているかどうか吟味
しながら書き進める姿勢が大切です．マスメディアでも間違っていることが
よく書かれている，などといわれることもありますが，絶対的正しさを求め
ることは現実的ではありません．形而上学的な議論になってしまいますので
やめておきましょう．できる限り普遍的な証拠に基づいて書かれた文章の見
本としては，新聞の文章をおすすめします．脳科学の話題に関して書かれた
新聞記事を紹介しましょう．

「気になる！　見極め大切，脳科学神話(2010年1月22日付，読売新聞)」

　世は空前の脳科学ブーム．タイトルに脳のつく書籍は，この5年間で3000冊以上も出版された．しかし，脳に関する気になる話は，研究結果を拡大解釈した俗説も少なくない．

　①経済協力開発機構(OECD)は，こうした俗説を「神経神話」と呼ぶ．典型的な例として「〈論理的な左脳〉と〈創造的な右脳〉」というような単純な区分けと，3歳児までに豊かで多様な刺激を与えた方が頭が良くなるという「3歳児神話」の二つをあげる．

　テレビゲームをやり続けると，子供がキレやすく反社会的になるという「ゲーム脳」も，神話のひとつ．「前頭葉で脳波のアルファ波が増え，逆にベータ波が激減するパターンは認知症と一緒」というのが根拠で，教育関係者らに広く支持された．しかし，「脳科学の真実」という著書もある．②坂井克之・東京大学准教授(脳科学)は「ベータ波はリラックス時にも減る．結論が先にあってデータを使っただけで，脳活動のデータが何を示しているのかの判断は難しい」と批判する．

　簡単な計算や音読で脳を鍛えるという「脳トレ」もブームになった．認知症の予防に応用した学習療法も広がっている．お年寄りが脳トレに取り組み，認知症が改善したというデータも出ているが，学習療法では介護スタッフが励まし，褒めることが重要な要素だ．スタッフがお年寄りの隠れた能力に気づき，その能力を引き出す側面も大きい．

　③脳トレを提唱した川島隆太・東北大学教授は「学習療法の目的は，認知症の改善で，どの要素が効いているかは重要ではない」と主張するが，坂井さんは「脳トレだけの効果なのか，科学的に検証されていない」と指摘する．

　こうした神話が続々と生まれるようになったのは，④1990年代以降，磁気共鳴画像(MRI)など脳の分析技術が発達し，脳の画像が手軽に手に入るようになってからだ．

　⑤兵庫教育大学の松村京子教授は「家庭や教育現場で脳科学への関心が高まっているが，実際の研究との間には溝がある．その分，単純化された説明を受け入れがち」と指摘する．ウソの話も脳の画像と一緒に説明すると，信じる人が増えるという研究もある．

　⑥専門家でつくる日本神経科学学会も今月，科学的な根拠を明確にした情報発信を求める声明を出して現状に警鐘を鳴らした．脳の研究は教育や医療に応用されることが多いだけに，情報の出し手も受け手側も注意が必要だ．(科学部　杉森純)(下線は筆者)

　上記971文字の記事のなかに，六つの事実が書かれています．①，⑥は，公の組織が表明している事実です．②，③，⑤は専門家が述べた事実です．④は公の事実です．もちろん，論文やレポートと新聞記事の体裁は異なります．新聞は特別な場合を除いて引用文献をあげることはしません．しかし，論文やレポートであれば，すべてに引用文献を示すか，どのようにインタビューをしたのか詳細な説明が必要です．

本文の書き方
― 読み手の立場になって書く

　書くときには，誰が読むのかを念頭に置く必要があります．もし社会人で
あれば，読むのは上司と同僚でしょう．そして，基本的に仕事上役立つ内容
であることが求められます．さらに，業績報告，技術報告，出張報告，企画
レポートなど，レポートを求められた時点で，書くべき方向性は決まってい
ます．出張報告書なのに，出張先で何がわかったのかどんなやりとりがあっ
たのかなどではなく，本を読んで調べたような内容を長々と書いても，上司
にいい顔はされません．むしろ，本当に出張に行ってきたのか，疑いの目で
見られてしまいます．一方，技術報告の場合は，サーバーの管理であれば，
どうセキュリティーの設定を変更したのか，どんな新しい機材を導入したの
か端的にまとめるべきところ，管理上参加したセミナーがいくら自分にとっ
て新鮮で学ぶところがあったとしても，参加してとてもおもしろかった，な
どと感想がつらつら書かれていたのでは，上司はうんざりした顔をするでし
ょう．「要求されていることは何か」を念頭に置くことが大切です．

　一方，大学で課されたレポートの場合は，少し異なります．まず読み手に
ついていえば，課題を課した教師となります．そして，受講生同士互いにレ
ポートを読み合い相互評価をする場合もよくありますので，同じ授業を受け
ている受講生も読み手の対象となります．この点は，会社で出される場合と
大きな差はありません．

　しかし，大学でのレポートは，教師の仕事上で役立つ内容をレポートに課
されることはまずありません．当然テーマは，教師の研究分野に関する内容
が課されます．学生にとってははじめて知ったことであっても，教師には周
知の事実なのです．大学でのレポートは，習作―つまり書くことの練習とし
て課される場合がほとんどです．教師にとっては周知の事実である事柄につ
いて，学生が客観的な事実を収集し，考察を行い，テーマについて正しい理

解ができているのかを評価するために，レポートが課されるのです．

　たとえば，「記憶」を専門領域としている教師から「記憶について」というレポートが課されたとしましょう．教師は専門家ですから，記憶に関するほとんどの文献は読み尽くしているでしょう．最新の情報も常時入手しているはずです．学生のレポートに本質的な新規性を求めているわけではありません．記憶についての正しい理解ができているのかを評価するために，レポートが課されるのです．各自記憶についての何らかの実験を行いまとめるというレポートであったとしても，教師の専門領域ですから，すでに数十，時には数百種類におよぶさまざまな実験を行い，論考をまとめているはずです．その場合，辞書にあるような「記憶とは」というような一般的な解説は不要ですし，一般論は最小限度にとどめる必要があります．それよりも，もし，数字の記憶についてテーマを絞ってレポートを書こうと決めたならば，専門家である教師が行った，数字の記憶に関する文献を一通りできる限り目を通す必要があります．レポート作成に与えられた日数以内に読み切れない量ではないはずです．

　「記憶について」というテーマが与えられたのに，もし，レポートを課した教師の書いた文献が見あたらなければ，何を求められているのか，もう一度考え直す必要があります．可能性としては，テーマについての理解を問うためのレポートではなく，書くことそのものが目的になっている場合です．最近授業科目として増えてきている「テクニカルライティング」あるいは「情報リテラシー」などの科目で，定められたルールや書式に沿ってレポートをまとめることが目的の場合があります．その場合，グループごとにテーマを変えたり，時事問題に関するテーマが与えられる場合もあります．その場合は，文献を調べることができているか，適切な引用ができているか，文字のフォントサイズなど細かく指定された通りに文書作成ができているかどうかが評価のウェイトを大きく占めてきます．

本文の書き方
― 明快な文章を書く

　レポート・論文は，小説ではありません．叙情的な言い回しや，文学的な隠喩・暗喩・比喩は，そのことに関して論ずる場合以外は不要と考えてよいでしょう．逆に言えば，レポート・論文には，文学的センスの有無は重要ではないので，自分にはセンスがないなと感じている人も全く心配はいりません．

　むしろ，明快な文章を書くよう心がける必要があります．「明快な文章」というのは非常に抽象的な言い方ですが，おもに下記の 3 点に気をつければ必要条件は満たされるでしょう．

① 　一文一義

　　一つの文章のなかに，言いたいことをいくつも書かないことです．形而上学的な哲学書を見ると，半ページ近く一つの文章がずらずら続いている場合があります．しかし，本書で目指している類のレポート・論文では，伝えたいことが明確に伝わることのほうが重要です．そのためには，一つの文章のなかには，言いたいことを一つだけ書くように心がけましょう．

② 　ワンセンテンスは 100 字程度まで

　　言いたいことが一つであれば，その文章を続けて書けばよいかと言えば，そうではありません．目指すのは小説でも哲学書でもありませんので，わかりやすい文章にするためには，適度な長さに収めることです．加藤(1970)[1]の「自己表現」には，【一つのセンテンスは，できることなら 40 字，多くても 50 字をメドにすること．そして，それより短いものは無条件で大歓迎】とされていますが，ワンセンテンスは 50 字程度までというのは，引用を含む文などを書いてみると，なかなか難しいことがわかります．50 字程度をメドにしつつも，100 字程度に収まっていれば

よいでしょう.

③　根拠を明確に

　　自分独自の考えを述べることは，とてもよいことです．しかし，必ずそう考える根拠を明確にすることが重要です．根拠は，どこどこの誰々(専門家)が言っていた，これこれという書物の何ページに書いてあった，自分で実験を行ったらこういった結果が出た，など，根拠の示し方はいろいろあるでしょう.

　ここで，一つ見本文を紹介しましょう．板坂(1973)[2]は，「脳は使え」というパラグラフのなかで，下記のような引用をしています.

【最近発表された IQ についての研究によれば，子どものときの IQ は年齢とともに高くなるもののようである．心理学者ジョン・カンガスは，サンフランシスコ地区で調査した結果，幼児期の IQ の平均は10年間で110.7から113.3になり，さらにその15年後，つまり39歳–44歳の年齢に達したときには，130.1になっていたという(「タイム」誌，1973年2月26日号)．興味があることに，この調査で，最も IQ の高かった男の子たちは，大人になって IQ は最も多く伸び，もっとも IQ の高かった女の子たちは，大人になっての増加率が，全体の中で，最も低い．つまり，男の方は張り合いのある仕事をしているのに，女性の方は主婦業かおもしろくない仕事に従事しているので，この仕事の違いが IQ の差となってあらわれたものらしい.】

　まず，「一文一義」という点でみてみますと，一つの文で，言いたいことが一つになっていることがわかります．「ワンセンテンスは100字程度まで」という点でみてみますと，49字，109字，89字，75字，80字となっており，およそ100字程度までに収まっています．「根拠を明確に」という点では，なぜ脳を使うとよいのか，心理学者の調査結果を根拠に述べられています.

ポイント

　書きたいことが頭に浮んだら，「なぜ自分はそう考えるのか」逆向きの思考をするとよい.

[1]　加藤秀俊．自己表現．(中公新書231)，中央公論新社，1970，p.162.
[2]　板坂 元．考える技術・書く技術(講談社現代新書327)，講談社，1973，p.10.

「書評型」の例

書評型の例として，中島（2004）の「『トニオ・クレーゲル』における無意識：身体論的探究の物語としての第六章以降」[1]を紹介しましょう．

● 序　文

書評型の序文の多くは，作品に対する作者の位置づけや思い，主人公と作者の関係などに着目し，どういった作品なのかといった大枠の説明から入る場合が多いでしょう．そして，序文の最後では必ずこれから書こうとする原稿は，作品のどの点に着目し，何について述べるのかを焦点化する必要があります．

たとえば，中島（2004）の場合は，

【『トニオ・クレーゲル』において登場人物の配置やプロットの展開は二次元的な基盤のうえに置いてなされている．読者は，芸術と生，精神と生の対立という二元論の構図の背後から感傷と後悔，憧憬といった情緒的な印象を与えられるのだが，それはある意味で巧妙に計算され，構築された主題の副次的「効果」である．細部を見ていくと，必ずしもこの作品の「意図」，すなわち作者によって意図的に構築されたと考えられるこの二元論の軌道から逸脱するもの，あるいは予定された意図とは異なる解釈が可能なものも見受けられる．作者マンはこの芸術と生の対立という二元性を仲介する主人公の芸術家としてのあり方をイローニッシュ（イロニー的）だとしたが，この観点からだけでは解釈がつかないものも存在する．……中略……作品としての『トニオ・クレーゲル』においてはたしてイロニー的なるものがどのような役割を果たしているのか，本論はこの点に焦点を当てて『トニオ・クレーゲル』におけるこの「芸術家対市民」「精神対生」という二元論とイロニーの関係を検討する．】（下線は筆者）

となっており，大枠から入って，最後に焦点を当てて検討する部分（上記下線部のように）に焦点化されています．

● 本　論

本論は，

「芸術家対市民」という二元論とイロニーの関係,

少年時代における二元性の描写,

芸術家トニオの内面における二元性,

帰郷旅行におけるトニオの「市民」たちとの接触,

二元性の克服とイロニー

という構成になっています. 書評型の場合の本論は, 書き方があってないに等しい. 自分で焦点化した事柄について書き進めるのみです. 一つ注意することとしては, 小タイトルを設けず延々と書き進めるのは望ましくありません. たとえつながった内容であっても, いくつか小見出しをつけつつ書いていくほうが, 読み手に伝わりやすくなります. とくに短時間に何十人分もの採点をするような大学のレポートの場合は, 小見出しのないレポートはあまりよい印象を与えません.

● 結　論

　結論は, 結語とも書かれます. レポートや論文で書きたかったことの結論をここで述べます. 序文で何かと異を立てたならば, その答えがここにきます. ここで紹介した中島(2004)の場合は, 結論・結語の代わりに, 「二元性の克服とイロニー」の節で, 序文での問(前ページ下線部分)に対する答えを書いています. さらにマンのほかの作品への発展性へも言及しています. 改めて結論と題さなくても最後の節にふさわしいタイトルを付け, 結論に帰ることもできます.

ポイント

　書評型のレポートを感想文にしないためには, 論拠を明確にしつつ書きすすめるとよい.

---

[1] 中島 邦雄(2004), 『トニオ・クレーゲル』における無意識：身体論的探究の物語としての第六章以降(木村直司名誉教授古稀記念号), 上智大学ドイツ文学論集, **41**, pp.141-161.

「実験型」の例

「実験型」の例としては，加納(2008)の「発想支援型インターフェイス PBD Brainstorming が文章産出に対して与える効果」[1]を紹介しましょう．

● はじめに

実験型の場合は，類似した研究において，これまでどんな成果が得られているのか，どんな結果が出されているのかをまとめます．

加納(2008)の場合どこに焦点を当てるのかはじめに述べ(下線①)，研究の背景・先行研究の状況(下線②)から，最後に課題(下線③)を，以下のようにまとめています．

【(1)本研究と関連する教育方法に関する先行研究

インターネットを利用した教育用インターフェイスはさまざまなものが開発されつつあるが，特定の機能と課題との関連で検証が行われている論文は少ない．そこで，本稿では，①特定の機能と課題との関連で検証に焦点を当てる．……中略……②南野ら(2006)は，学習者間の相互作用による，課題解決のためのアイデアの発想・発展を促進させるため，発想法を取り入れたグループ学習を提案している．また，杉浦ら(1999)による各参加者の知識量のばらつきニ着目した発想法に，IPL 法(Island formation using Pseudo Label：疑似ラベルを用いた島作成)がある．このほか，新しい知識をつくり出すときに用いる発想法には，KJ 法，マトリクス法，シネクティクス法，NM 法，MBS 法，カード BS 法，ゴードン法，フィリップス66法などもある．……中略……

③課題1　先行研究にみられる KJ 法支援ツールのなかには，ネットワーク版を謳っているものもあるが，特定のポートを開かなければいけない制約などがあり，ネットカフェなどで利用できない．

課題2　……中略……

課題3　特定の指導法が，すべての課題やすべての学生に対する効果の有無に一致するとは限らない．ある課題のときには，任意の特性(文字数が不足する学生など)には効果があるが，別の特性には効果がない，あるいは別の課題のときには，別の特性に効果があるなどが考えられる．だが，そのような緻密な検証，たとえば，文章産出の具体性の向上に貢献する機能の検証などは行われていない．】(下線は筆者)

● 研究の目的

はじめにで述べた問題点を解決すべく目的を述べます．加納(2008)の場合
は，以下のようになっています．節を分ける場合もあれば，はじめにの項目
の一番最後に見出しを立ててまとめる場合もあります．

【そこで，本稿では，PBD SPACE の中の「PBD Brainstorming」に焦点を当て，「課
題3」の解決，すなわち，文書作成に関する課題への効果を検証する．……以下略】

● テーマについての説明

概念について説明が必要な場合や，新たに開発したシステムに関する実験
の場合は，システムの概要などを述べます．加納(2008)の場合は，「発想支
援型インターフェイスPBD Brainstorming の概要」という節を設け，概要
と，PBD Brainstorming の特徴，使用手順などをまとめています．

● 研究の方法

どんな対比で実験を行うのか，どんな方法で検証するのかをまとめます．
被験者を用いる場合は人数や調査時期，質問項目や手続きなども述べる必要
があります．

加納(2008)の場合は，以下のようになっています．

【文章産出の検証の際には，2タイプの異なる課題の時に使用し，どちらの課題のとき
にどのような特徴が見いだせるのかに関して，分析1ではPBD Brainstorming の使用の
有無による違いの検討，分析2では使用群のアウトプットに対する質的な検討を行
う．……以下略】

● 結　果

「結果の分析(p.59)」を参照してください．考察の書き方は，フィールドワー
ク型と併せて説明します．

┌─────────┐
│ ポイント │
└─────────┘

・　実験型のレポートは，フレームワークを明確にすべし．
・　知りたいことへめがけて直球勝負．

---

[1] 　加納 寛子(2008)．発想支援型インターフェイスPBD Brainstorming が文章産出に対して与
える効果．教育システム情報学会誌，25(2)，pp.184-193.

「フィールドワーク型」の例

「フィールドワーク型」の例としては，白松(2003)の「メンバーにおけるマジックマッシュルームの広がり：ドラッグユーザーのフィールドワーク(1)」[1]を紹介しましょう.

● 問 題 設 定

　フィールドワーク型の問の立て方は，実験型と少し異なります.実験型の場合は，規範先にありきで，なぜそのような問題が起きているのか，ダイレクトに要因を導こうとします.いじめを行っている生徒に対し，いじめを行う理由を答えましょう，いじめを行う理由にあてはまるものに○を付けましょう，なぜあなたはいじめを行うのですかなどと，直接的な聞き方をします.

　しかし，フィールドワーク型の場合には，対象となる構成メンバーはどのようにそれを行っているのか，つまり「どのようにいじめっ子たちはいじめを楽しんでいるのか？」というような問の立て方をすることが多いのです.

　たとえば白松(2003)の場合も，規範先にありきの問いの立て方はしていません.

　【本稿は「若者たちはどのようにドラッグを楽しんでいるのか？」という問いからスタートしてメンバーにおけるマジックマッシュルームの広がりを記述しようという試みである.まず誤解のないように書かなければならないが，この問いは「ドラッグは楽しいものである」ということを言及したいのではないということである.……中略……このフィールドワークの問題から，「なぜ危険なドラッグをするのか」という問いをたてることは，むしろ彼ら／彼女らの日常世界への参入やそこで得られる声を大きくねじ曲げる障壁にもなりかねない.そこで彼ら／彼女らの日常世界のなかで発見される問いから，物語を記述していく必要があり，先の冒頭の問いがフィールドワークのなかで第一に生じた問いであったためである.……】

という具合です.ドラッグは違法であると全否定したスタンスで彼らに近寄ったならば，違法である行為に，なぜ多くの若者が魅了されていくのか，

その理由はわからないままです．しかし，「どのように楽しむのか」と彼らに寄り添うスタンスでフィールドワークを行うことにより，ドラッグに魅了されていく若者の実態を探ろうとしています．

● フレームワーク(枠組み設定)

フィールドワークでは，会話や様子を書き留めたフィールドノートを記録することになります．フレームを明確にせず，たらたらと見たもの聞いたことを書き連ねても，それはフィールドノートとはいいません．何を明らかにしようとしているのか，フレームを明確にする必要があります．白松(2003)の場合は，「2．分析フレームの再構成－マジックマッシュルームへの着目」と題し，着目点を明確にしています．

● 調査時期と対象

いつ，どこでどんな人を対象にどんな方法でフィールドワークを行ったのかも明確に示しておく必要があります．個人が特定されない程度に，詳細に登場する人物の位置づけも書いておく必要があります．

例)　K：当時大学3年生(21歳)であり，○○サークルの部長であった．

● 本　　論

問の答え・結論に向かって，順に論を進めていく必要がある．白松(2003)の場合，「そうそう，最近，おもろいもんみつけたんすよ」と切り出した．……「それって前も言ってたよね．なんなの？」と尋ねると一瞬二人は顔を見あわせてニヤニヤしながら，コージロウが「マジックマッシュルームって知ってます？……と，何気ない日常の会話のなかで切り出され，おもしろいもの，いいもの，としてドラッグであるマジックマッシュルームが広まっていく様子が描かれています．

ポイント

　知りたいことがあっても直球は投げないこと．

[1]　白松 賢(2003)，メンバーにおけるマジックマッシュルームの広がり：ドラッグユーザーのフィールドワーク(1)，愛媛大学教育学部紀要，第Ⅰ部，教育科学，50(1)，pp.13-24.

考察をまとめる

「実験型」「フィールドワーク型」共通です．考察は，得られた結果と，はじめに調べた先行研究を比較し，結果の妥当性や，結果の解釈を述べます．もし，先行研究と異なる結果が得られたら，なぜそういった結果になったのかなどを考察します．考察というと，どうしても自分はこう思った，こう感じたと書きたくなりがちです．しかし，そこは一息入れて，一歩下がって，客観的な事実として記述していく必要があります．よって，文末は「〜である．」「〜であろう．」で結び，「〜と思う．」「〜と思った．」などは使わないようにする必要があります．

たとえば，「フィールドワーク型」で例示した白松（2003）の場合は，以下のようにまとめと課題を記述しています．

【まず彼ら／彼女らにとってマジックマッシュルーム使用は，社会問題のクレイムにおいて語られる「危険な逸脱行為」ではないということである．彼ら／彼女らにとっての逸脱は，法規範を犯した行為に対して定義されるものである．さらにメンバーは，「使用上の注意」を確立し，遵守することで，危険なドラッグとして定義されうるアクシデントを未然に防ぎ，マッシュ使用をより楽しめるように，あるいは単に楽しいものと認識していったのである．すなわちこの使用のプロセスから，当時法律で規制できなかったマジックマッシュルームは，メンバーにおいて「遊び」というリアリティとして定義されてきたことが明らかになった．……中略……

しかしながら彼ら／彼女らはドラッグに対する規制言説を知らないのではなく，知った上で行っており，彼ら／彼女らのディスコースは，Pollner（1987）や草柳（1994,1998）らの指摘する「リアリティ分離」を示しているということである．現在，「ドラッグに対する若者達の無知が興味・関心を生みだしている」という考え方を前提として，薬物乱用防止教育や啓発活動では「ドラッグの怖ろしさ」を身体的・精神的・社会的危険性の観点で強調するアプローチがとられている．しかしながら本稿の知見は，こういったアプローチに対して再考を迫る結果であり，ドラッグに対して「危険な逸脱行為」というリアリティを定義する側と「ある注意をすれば安全で楽しい遊び」というリアリティを定義する側のディスコー

スにおける「リアリティ分離」に今後どのように取り組んでいくのか，というさらなる課題を示している．すなわち「危険な逸脱行為」というリアリティ定義(による〈語り〉)は，逆に使用した場合に危険という認識を持たないならば，むしろ「安全」を認識させる可能性も同時に秘めているということである．すなわち我々は，薬物乱用防止教育や啓発活動における〈語り〉のパラドックスを再度認識し，新たな教育や啓発活動の方向性を模索する必要もあるのではないだろうか．】

「実験型」で例示した加納(2008)の場合は，以下のようにまとめています．

【本論文では，インターネットを利用した教育用インターフェイスである PBD SPACE の機能の一つの，発想支援型インターフェイスである PBD Brainstorming に焦点を当て，その効果に関する分析を行った．その結果，2 つの知見が得られた．
・　第一に，抽象的な提案内容を具体的な提案内容へと方向づける効果があった(分析 1 の結果から)．
・　第二に，産出されたレポートの特徴として，題意に適合したレポートは，提案内容が具体的で，文字数も多くなることがわかった(分析 2 の結果から)．
このことから，提案型のレポート課題では，PBD Brainstorming は学生の文章産出を支援することができるという点，その場合に，学生に対して「より具体的に」，「より多く」書くように促すことが，レポートの題意への適合度を高める上で重要である点の 2 点が示唆された．
　本論文では，提案型のレポート作成に関して分析を行ったが，レポートの形式は様々であり，ほかのテーマのレポートでは，新たな特徴が見られる可能性がある．今後は，PBD Brainstorming に関しては，ほかのテーマに関するレポートの分析，PBD SPACE 全体の機能との関連に関する分析を行い，情報教育における教育システム全体としての Plan-Do-See を確立するよう進める予定である．】

[ポイント]
　「考察」は「感想」ではない．

引用文献・参考文献・付記・注の書き方

一般に，短いレポートや論文の場合には，参考（引用）文献は，まとめて末尾に次の順で記述します．ここでは，日本教育情報学会の書式を例として紹介します．

- 単行本を引用する場合

著者名および編者名，書籍名，出版社，発行年，引用したページ．

例）　加納寛子，「誰でも良かった殺人」が起こる理由—秋葉原無差別殺人事件は何を問いかけたか，日本標準ブックレット，2008, p.10.

- 論文を引用する場合

著者名（発行年），論文名，雑誌名，巻数，（表記があれば出版社），引用したページ．

例）　加納寛子（2008），子どもの安全に関する情報の効果的な共有システムの開発：MMRS（Mind Map and Relief System）の開発とその使用感について，教育情報研究：日本教育情報学会学会誌, 23（4）pp.3-16.
部分的に引用した場合は，引用したページを最後に明記する．例 p.10.

- URL の場合はアドレスを書く．http://pbdspace.kj.yamagata-u.ac.jp/

参考（引用）文献には，本文中での参考（引用）順に通し番号（例：[1]）をつけ，本文中の該当個所にも番号（上付）をつけます．

ただし，枚数の多い卒論や書籍などの場合は，ページごとに欄外を設け，その都度記載することもあります．引用するときには，3 行以内程度にとどめ，引用したい部分が長い場合は省略します．

例）　岩崎（2008）[1]は，【思考能力の翳りは，学生のみならず，社会においても実感する．内容のない派手な言葉がもてはやされる軽さ，反射的インスタントな議論の横行……省略……】と述べ，昨今の人々の思考能力のかげりを指摘している．実際，ニュースを見ていても，テンポよく新製品が生み出

され，トーク番組はテンポよく，音楽のようにリズミカルに言葉が流れているが，立ち止まって深くじっくり考えることがなくなってしまっているように思える．

などのように，引用したい部分が長ければ，引用を途中までに止めたり，意味が理解できる程度に最初と最後だけ抜き出して，間は……省略……とすればよいのです．

引用に関して，一つ注意しなければいけないことは，孫引きをしてはいけないということです．孫引きというのは，Ａという文献のなかに，Ｂという文献から引用した文章が掲載されていたとします．そのようなときに，文献Ｂを確認することなく，文献Ａを読んだだけで，文献Ｂの内容を引用することを孫引きといいます．文献Ｂの内容を引用したければ，文献Ｂを確認しなければなりません．

最後に括弧の使い分けについて補足しておきます．括弧の種類はいろいろありますが，書名のときには二重括弧『 』，論文タイトルの場合はカギ括弧「 」，補足説明のときは（ ），引用部分の区別の仕方は，人によっていろいろあり，括弧【 】や［ ］や〈 〉でくくる場合や，1行空けて斜体にする場合などいろいろあります．書名の中にタイトルがくる場合などの括弧の包摂関係は，本のなかの一節についてまとめるのであれば，『科学と仮説「確率論について」』という書き方になりますし，書評型のレポートであれば「『科学と仮説』[2]が現代の我々に語りかけていること」となります．

ただし，学術論文の場合には，各学会の論文規定などで，タイトルや書名を括弧でくくることはしない場合がありますので，その場合は，決められた書式に沿うようにしてください．

また，付記や注を書く必要があるときには，参考文献，引用文献の前に書きます．付記には，質問紙調査を行ったときの質問紙や，インタビュー調査時に分析に用いた会話文や，謝辞などを書きます．注には，特殊な語句の由来や説明などを書きます．

[1]　岩崎美紀子，「知」の方法論　論文トレーニング，岩波書店，2008，p.184．
[2]　河野伊三郎　訳，科学と仮説，岩波書店，1994．

知的財産権について

　知的財産権とは，「知的財産基本法」によって，知的創造活動によって生み出されたものを，創作した人の財産として保護するための権利です．

　知的財産権には，特許権や著作権などの創作意欲の促進を目的とした「知的創造物についての権利」と，商標権や商号などの使用者の信用維持を目的とした「営業標識についての権利」の２種類に大別されます．詳細は下図に示

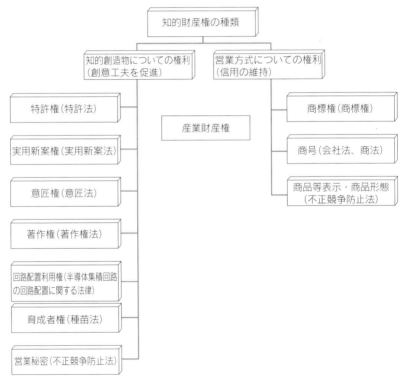

図　知的財産権(知的所有権)の種類
特許庁ホームページ(http://jpo.go.jp)

しました.

米国旧特許庁の玄関には,元大統領リンカーンの「特許制度は,天才の火に利益という油を注いだ(The patent system added the fuel of interest to the fire of genius)」という文言が刻まれています.つまり,特許制度は新しい発想を生み出した人を守るためのものなのです.新しい発見,新しい創作活動をしたら,どんどん世の中に公開してください.公開しても,あなたの権利は損なわれないように保護しますよ,安心して公開してくださいというものなのです.

もし,一所懸命論文を書いたのに,いつの間にかどこかの誰かが,勝手に大部分を引用して,引用文献もあげていなかったら,とても不愉快になるでしょう.「訴えてやる」と思うかもしれません.ですので,必ず本や論文,ネット上の情報等を引用したときには,引用箇所を,ほかの文章と区別したうえで,引用先を明記してください.

レポートや論文を作成するときに,一番関わることは著作権ですが,前ページの図に示したように知的財産権にはさまざまなものがあります.知的財産権以外にも,肖像権やパブリシティ権などもあります.

以前,ある学生が工場の見学に行き,工場内の人や様子をカメラに納めてWeb公開するレポートをまとめました.工場の人に許可を取っていないということだったので,許可願いを書かせましたら,公開は困るとの返事でした.学生は,レポートを書くうえで,著作権以外にも配慮しなければいけないことがあることを知らなかったということでした.よって,知的財産権は著作権だけでなくほかにもあることを知ってもらおうと,あえて一節を設けました.各権利の詳細は,ここでは説明しませんが,巻末の参考文献[1]などを用い,各自で調べてください.

⌈ ポイント ⌉

著作権はもちろん,守らなければいけない権利はたくさんあるので,ルールを守って引用しましょう.

● ワークシート：**レポートを書きはじめよう** ●

（1） スケジュールを立てよう.

項　目	予定日（〜迄）	完了日
情報の収集を行う	月　　　日	月　　　日
テーマを絞り込む	月　　　日	月　　　日
調査方法を決める（必要があれば）	月　　　日	月　　　日
調査を行う（必要があれば）	月　　　日	月　　　日
構成を決める	月　　　日	月　　　日
本文・結果を書く	月　　　日	月　　　日
考察を書く	月　　　日	月　　　日
完成	月　　　日	月　　　日
相互チェック	月　・　日	月　　　日
提出期限	月　　　日	月　　　日

（2） ステップごとの確認.

項　目	内　容	先生や友人からのアドバイス
テーマ		
調査方法		
構　成		

7

相互チェック

書式のチェック

　書式は，提出する前に細かく指定される場合とそうでない場合があります．指定がなければ，見やすいようにまとめればよいでしょう．しかし，書式は統一しなければいけません．会話文や引用などを除いて，「です・ます調」と「だ・である調」が混じっていてはいけません．図表は，統一したルールで，連番をつける必要があります．

　特別な理由もなく，明朝体にしたりゴシック体にしたりしてはいけませんし，行間も統一する必要があります．書体の統一などは，手書きのときは不要な注意事項でした．しかし，数年前に，はじめは明朝体で書きはじめているのに，途中からゴシック体になり，急に行間隔が広くなっているレポートをちらほらと見かけるようになりました．ひどいものになると，下線が引いてあって青字になっていて，データで集めたときに，クリックすると，特定のサイトに飛んでしまいました．明らかに，ネットで検索したサイトから，まるまるコピーをしてきて貼り付けているのです．それまでは，書式を指定せずにレポートを課していましたが，ネットからまるまるコピーしてくるレポートを見つけるようになって以来，書式から引用の仕方まで，徐々に細かくルールを指定するようにしています．

ポイント

　書式のチェックは，友達とレポートを交換して行うとよい．自分だけでチェックしていると見落しがちである．

ルール例

（1）書　式

レポートは，Ａ４判で刷り上がり（１ページあたり24文字×37行×２段）が，6ページ以上12ページ以内とする．タイトルはMSゴシック体16ポイントとし，その他は明朝体10.5ポイントとする．タイトルと概要は，１ページの３分の１程度のスペースに納める．間は１行以上開けない．

（2）記入方法

① タイトルの記入（１ページ目，１段抜き）

原稿の冒頭には，タイトル（和英両文），著者名（和文）を入れる．

③ 概要はキーワード（１ページ目，12行目から）著者名（和文）の次の行から記入する．和文妙録は400字程度とし，見出しは〈概要〉とする．キーワードは３語程度とし，見出しは〈キーワード〉とする．

④ 本文（１ページ内よりはじまり，以降２段）

はじめ，本論，まとめの順とする．本論は簡潔かつ明瞭に記述すること．

ａ．見出しは次の順とする．

大見出し　1．○○○

中見出し　(1)　○○○

小見出し　①　○○○

ｂ．図（写真）・表には，それぞれ通し番号および名称をつける．大きな図表の場合には，適宜本文のレイアウトを変更し，見やすくすること．

・　図（写真）　　図（写真）の下に　図1（写真1）　○○○

・　表　　表の上に　表1　○○○

・　図表寸法

左右（最大）72 mm（片段），150 mm（両段）

天地（最大）197 mm（名称を含む）

ｃ．句読点は，１字（全角）分とし以下を使用する．

ピリオド「．」，カンマ「，」，中点「・」，コロン「：」を用い，１字分（全角）とする．

表記揺れや誤字脱字，内容の信憑性のチェック

　まず，文字数が指定されているときには，文字数を数えましょう．ワード2007を利用しているならば，「校閲」タブの「文字カウント」をクリックすると，文字が数えられます．ほかのワープロソフトであっても，たいていは，文字数を自動的に数えてくれる機能はついているでしょう．

　次に「表記ゆれ」のチェックをします．ワード2007を利用しているならば，「校閲」タブの「表記ゆれ」をクリックすると，一般的な表記はチェックしてくれます．

　また，自分でチェックするよりも，友達など，他人にチェックしてもらったほうが，間違いが見つかりやすいことが少なくありません．書いた本人は，書いてある内容がわかっていますから，ついとばし読みをしてしまって，見直したのに，いつまでも誤字に気がつかないこともあります．しかし，はじめて読む人であれば，丁寧に読みますので，見つけやすいのです．

　提出する前に，一度友達に見てもらってから提出するとよいでしょう．できれば，類似したテーマの人同士チェックしあうと，信憑性のチェックもしやすくなります．類似したテーマであれば，同じような文献に目を通しています．引用した文献の表記が間違っていたり，データを読み違えていたりすれば，一度その文献を読んでいる人でなければ指摘できないからです．必ずしも類似したテーマで書いていて，読んでくれる人がすぐに見つかるとは限

りませんので，信憑性のチェックは，もう一度自分で確認しましょう．引用文献は，ポートフォリオに挟んであるはずですから，写し間違いはないか，取り間違いはないか，孫引きになっていないかチェックしてください．

　また，内容の信憑性は写し間違いなどのうっかりミスのほかに，表現にも気をつける必要があります．たとえば，半数以上がAグループにあてはまるために「Aグループが多かった」と表現したとしましょう．読む人は80%，90%がAグループにあてはまると読んでしまうかもしれません．誤解されやすい表現，あいまいな表現も信憑性の欠如につながるため注意が必要です．

7

相互チェック

ポイント

　下表のようにあいまいな内容，不明確な表現，オーバーな表現は避ける．

×	○
たくさん	80%以上
小さくなった．	150→30へ減少した．
とても改善された．	5項目中，4項目が改善された．

レポート・論文の評価

　レポートや論文に限らず，どんな文章であっても，一つの物差しで測ることは難しいでしょう．とくに小説などの文学作品は，感動を与えるストーリーであるとか，文章技法の工夫が凝らしてあるとか，じっくり考えさせる思慮深い文体であるとか，軽快なテンポで読者を引きつけるとか，斬新なアイデアであるとか，相容れない観点がたくさんあります．さらに，読者対象によっての評価はまちまちです．文芸評論家が，どんなにこれはすばらしい小説だと言っても，読者対象が中学生向けの小説であれば，中学生がおもしろいと思わなければ，自主的に読むことはないでしょう．

　しかし，本書で扱うレポート・論文は，文学などの特別な才能は必要ない代わりに，手順に沿って忠実に書き進めれば，誰でも合格ラインをクリアすることができます．それゆえ，特異なケースを除けば，手順に沿って忠実に書き進めたか否かが，一定の評価基準となります．たとえば100点満点で点数を付けるとしましょう．表に，評価規準と各配点をつけました．

　論拠が明確であるか否かは，テーマに関する文献を読み，それに基づいて論を立てているか，自分で行った実験結果に基づいて論を組み立てているかが該当します．いくつの文献を読めば十分ということはありませんが，卒論などではなく，大学生が，通常の授業のなかで課されるレポートの場合，レポート課題が与えられてから提出するまでの期間によって，下記の式をおよその目安にするとよいでしょう．

　　　提出までの週の数　×　学年　＝　レビューすべき文献数

たとえば，2年生が，3週間後にレポートの提出期限を定められたならば，

　　　3　×　2　＝6件

が，目安となります．

　（1）〜（9）は，誰でも真面目に取り組めば，クリアできる条件です．100

点満点中 90 点取れれば十分でしょう．あと残りの10点は，新規性ですが，これは，才能だけでなく，タイミングにもよります．2 週間や 3 週間の間に，新しいアイデアが生み出せるかといえば，ふっとひらめくときもあれば，ひらめかないこともあるはずです．運がよければ，10 番も点数が入る程度に考えて，（1）〜（9）までを完璧にしてから提出しましょう．方法としては，まず自分で音読してみて，何かおかしいところはないかチェックすることです．しかし，自分でいくら眺めていても，なかなか自分のミスには気づきにくいので，念のため自分以外の人に読んでもらうとよいでしょう．

表　レポート・論文の評価規準

評価規準	点数
〈論拠の明確さ〉	40点
（1）　複数の文献とレビューをしているか	10点
（2）　レビューをしている文献の信憑性はあるか	10点
（3）　論拠を示しつつ論を組み立てているか	10点
（4）　論理的飛躍はないか	10点
〈文章の明快さ〉	30点
（5）　一文一義になっているか	10点
（6）　ワンセンテンスは 100 字程度までになっているか	10点
（7）　誤字脱字はないか，言い回しは適切であるか	10点
〈分析の正しさ〉	20点
（8）　テーマやデータについての分析が正確に正しくできているか	10点
（9）　分析結果の読み取りは正確にできているか	10点
〈新規性〉	10点
（10）　新規性はあるか	10点

参 考 文 献

[1]　国別のドメインを調べたいとき

加納寛子，ネットジェネレーションのための情報リテラシー＆情報モラル，大学教育出版，2008.

[2]　統計用語の意味を知りたいとき

石村貞夫，デズモンド・アレン，すぐわかる統計用語，東京図書，1997.

[3]　統計分析の詳細を知りたいとき

森　敏昭，吉田寿夫，心理学のためのデータ解析テクニカルブック，北大路書房，1990.

田中　敏，山際勇一郎，ユーザーのための教育・心理統計と実験計画法―方法の理解から論文の書き方まで　新訂版，教育出版，1992.

海保博之，加藤　隆，認知研究の技法（シリーズ・心理学の技法），福村出版，1999.

[4]　SP表を用いた文献

渡邊博之，加藤勝洋（2000），CAI コースウェアにおける学習時間分布の分析，電子情報通信学会論文誌．D-I，情報・システム，I-情報処理 J83-D-I(7)，pp.789-796.

北村光一，林徳治（2006），高等学校数学科授業における形成的評価の実証研究：数学 A「集合と論理」授業における強制連結法の応用．教育情報研究：日本教育情報学会学会誌，22(1)，pp.3-11.

菱田清和，貫井芳恵，榊原雄太朗（1995），低学年児童の季節と植物について．日本理科教育学会全国大会要項（45），p.141.

長谷川勝久（2000），自己評価力を高めるための学習理解度診断個票とその効果日本教育工学雑誌，24(suppl)，pp.177-182.

[5]　その他レポート・論文の書き方に関するおすすめ書

木下是雄，レポートの組み立て方（ちくまライブラリー），筑摩書房，1990.

澤田昭夫，論文の書き方（講談社学術文庫），講談社，1977.

清水幾太郎，論文の書き方（岩波新書），岩波書店，1959.

[6]　コクラン・ルール（Cochran's rule）の文献

Cochran, W. G.: Some methods for strengthening the common χ^2 tests. *Biometrics*, **10**, pp.417-451, 1954.

索 引

あ 行

ANOVA　　78
AND 検索　　36

一元配置　　78
一文一義　　94
インターネット検索　　22
インタビュー調査　　54
引 用　　3
引用文献　　104

SD 法　　48
SP 表　　84
N.S.　　77
円座型(グループインタビューの)　　54

OR 検索　　36
オーバーラポール　　52
折れ線グラフ　　68

か 行

χ^2 検定　　82
χ^2 分布　　82
学習履歴図　　87
仮 説　　50
仮説検定　　72
間隔尺度　　46
間隔尺度データ　　74
観察データ　　62

基 軸　　4
記事検索データベース　　29
帰無仮説　　72
逆説的な発送　　9
キャプション　　3

繰り返しのある二元配置　　79
繰り返しのない二元配置　　79
グループインタビュー　　54
クロス集計表　　70

検索オプション　　23
検索の演算子　　23, 36

構 成　　11
骨子チャート　　10

さ 行

CiNii　　30
作 文　　4
参考文献　　104
散布図　　80
参与観察　　52

事 実　　90
実験型　　8, 12, 98
実験法　　50
質問紙法　　46
尺 度　　48
順位尺度データ　　74
承諾書　　56
焦点化　　10

情　報　2
　　——の信憑性　24
情報収集　20
書　式　110
書評型　8, 10, 96
序　文　88
新規性　115
新聞記事　28

数値データ　64, 74
相関関数　65, 80
相関の判定基準　80

た　行

題材分割　10
単独インタビュー　54

知的財産権　106
注　104

t 検定　76
t 分布　76
定量データ　46
テキストデータ　60
テキストマイニング　61
デジタルディバイド　22
テーマ設定　21
テーマ発表　21
テーマップ　38

読書感想文　4
度　数　67
度数分布表　67
ドメイン　25
ドメイン名　26

な　行

NEAR 検索　36

二元配置　79
　　繰り返しのある——　79
　　繰り返しのない——　79

NOT 検索　36

は　行

はずれ値　75
パネル型（グループインタビューの）
　　54

被験者　57
ヒストグラム　64
標準偏差　75
比率尺度　74

フィールドワーク型　9, 14, 100
付　記　104
付　箋　28
分散分析　78
文章の明快さ　115
分析の正しさ　115

方法の誤り　57
ポートフォリオ　34

ま〜ら　行

名義尺度データ　74

有意性の判断基準　77

リッカートスケール　46
理論の誤り　57

ロー・データ　66
論拠の明確さ　115

チャートで組み立てる
レポート作成法

| 平成 22 年 4 月 30 日　　発　　　　行 |
| 令和 3 年 3 月 5 日　　第 4 刷発行 |

著作者　　加　納　寛　子

発行者　　池　田　和　博

発行所　　丸善出版株式会社
〒101-0051 東京都千代田区神田神保町二丁目 17 番
編集：電話(03)3512-3262／FAX(03)3512-3272
営業：電話(03)3512-3256／FAX(03)3512-3270
https://www.maruzen-publishing.co.jp

組版印刷・製本／壮光舎印刷株式会社

ISBN 978-4-621-30608-6 C 2081　　　　　Printed in Japan